The Cross Stitcher's Design Workbook

Name _____

Date _____

Notes:

Pattern Index

#	Pattern Name	Date
1		
2		
3		
4		
5		
6		
7		
8		
9		
10		
11		
12		
13		
14		
15		
16		
17		
18		
19		
20		

#	Pattern Name	Date
21		
22		
23		
24		
25		
26		
27		
28		
29		
30		
31		
32		
33		
34		
35		
36		
37		
38		
39		
40		

#	Pattern Name	Date
41		
42		
43		
44		
45		
46		
47		
48		
49		
50		
51		
52		
53		
54		
55		
56		
57		
58		
59		
60		

#	Pattern Name	Date
61		
62		
63		
64		
65		
66		
67		
68		
69		
70		
71		
72		
73		
74		
75		
76		
77		
78		
79		
80		

#	Pattern Name	Date
81		
82		
83		
84		
85		
86		
87		
88		
89		
90		
91		
92		
93		
94		
95		
96		
97		
98		
99		
100		

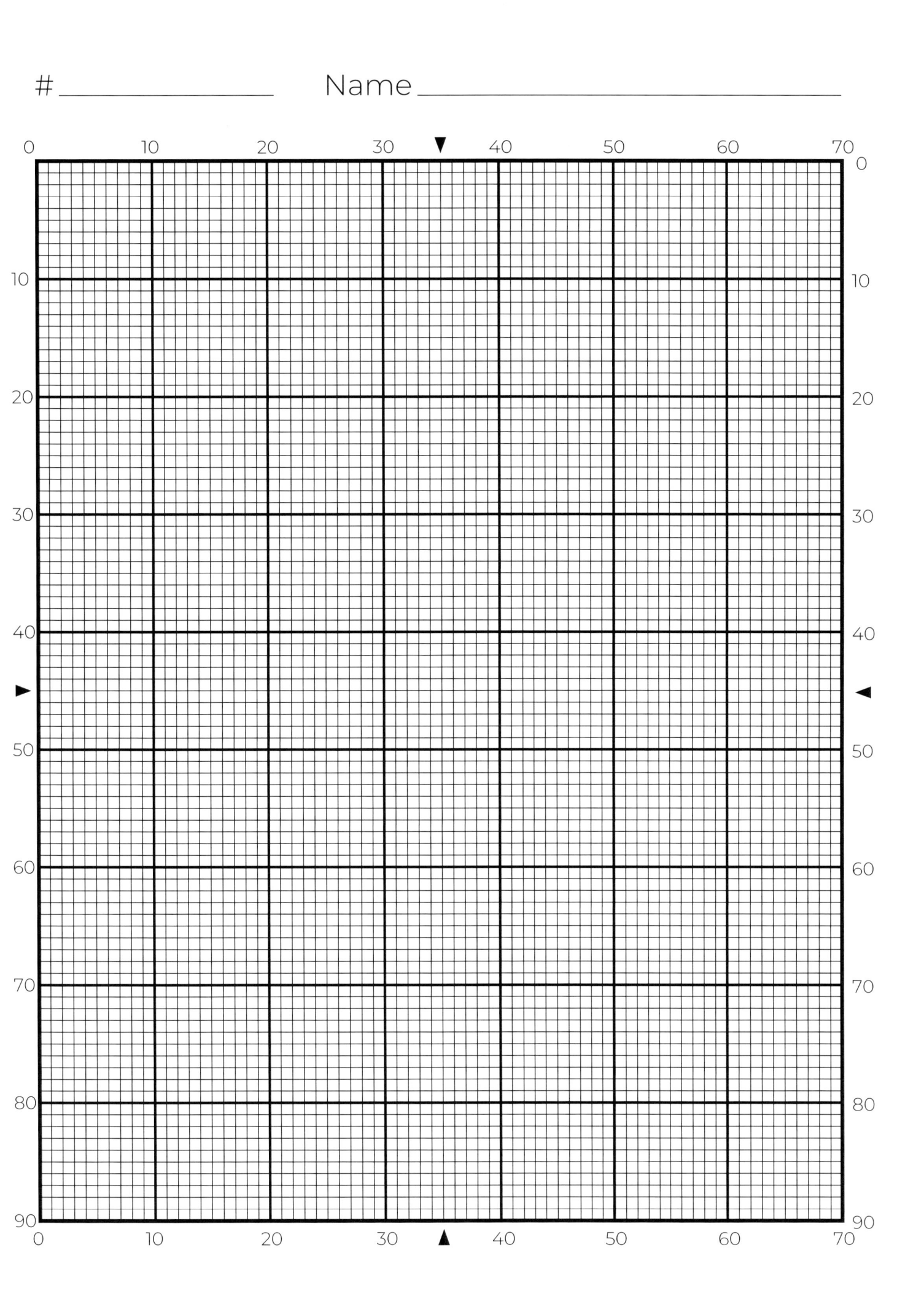

\# _____   Name _____

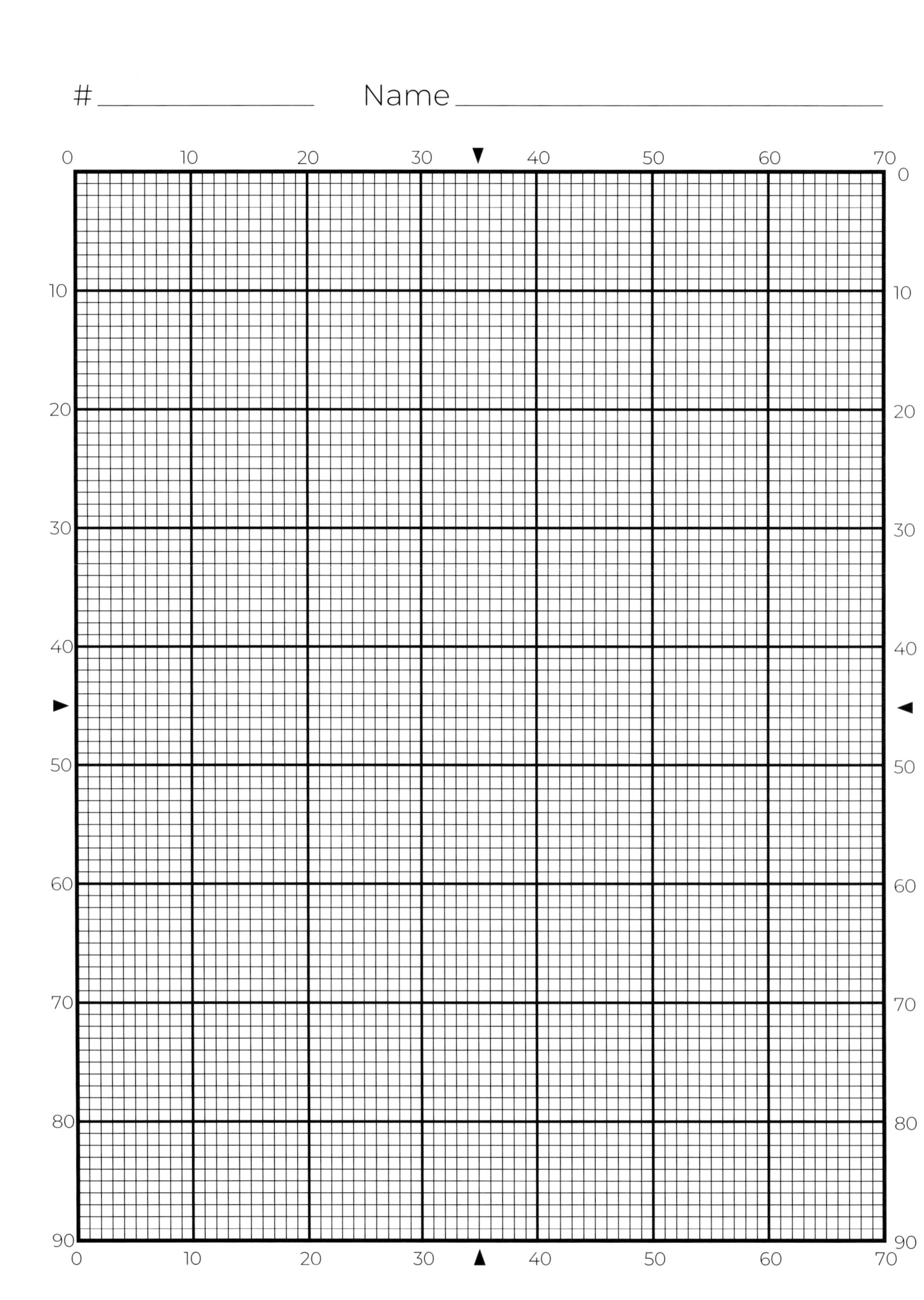

\#_____ Name_____

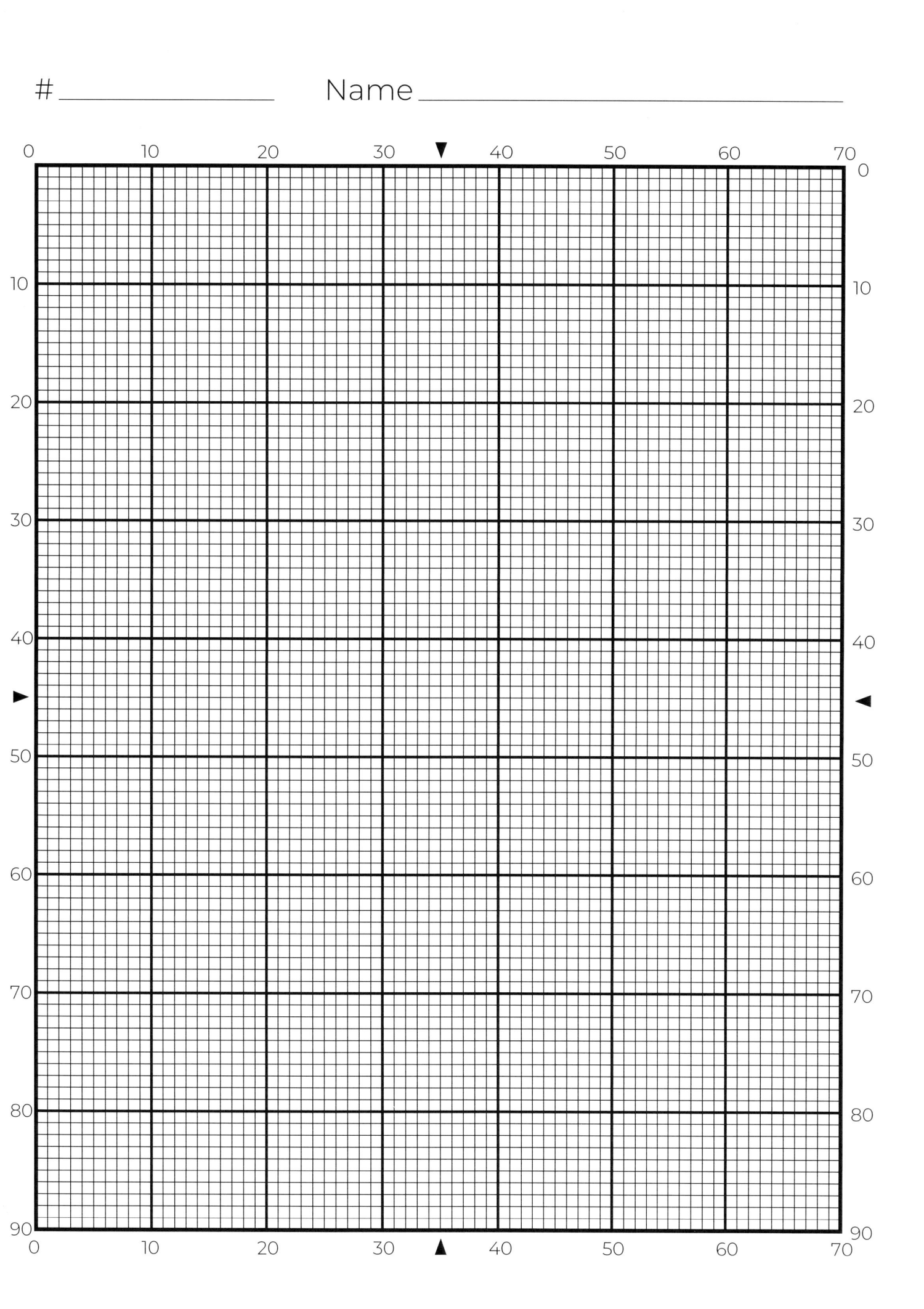

\#_____ Name_____

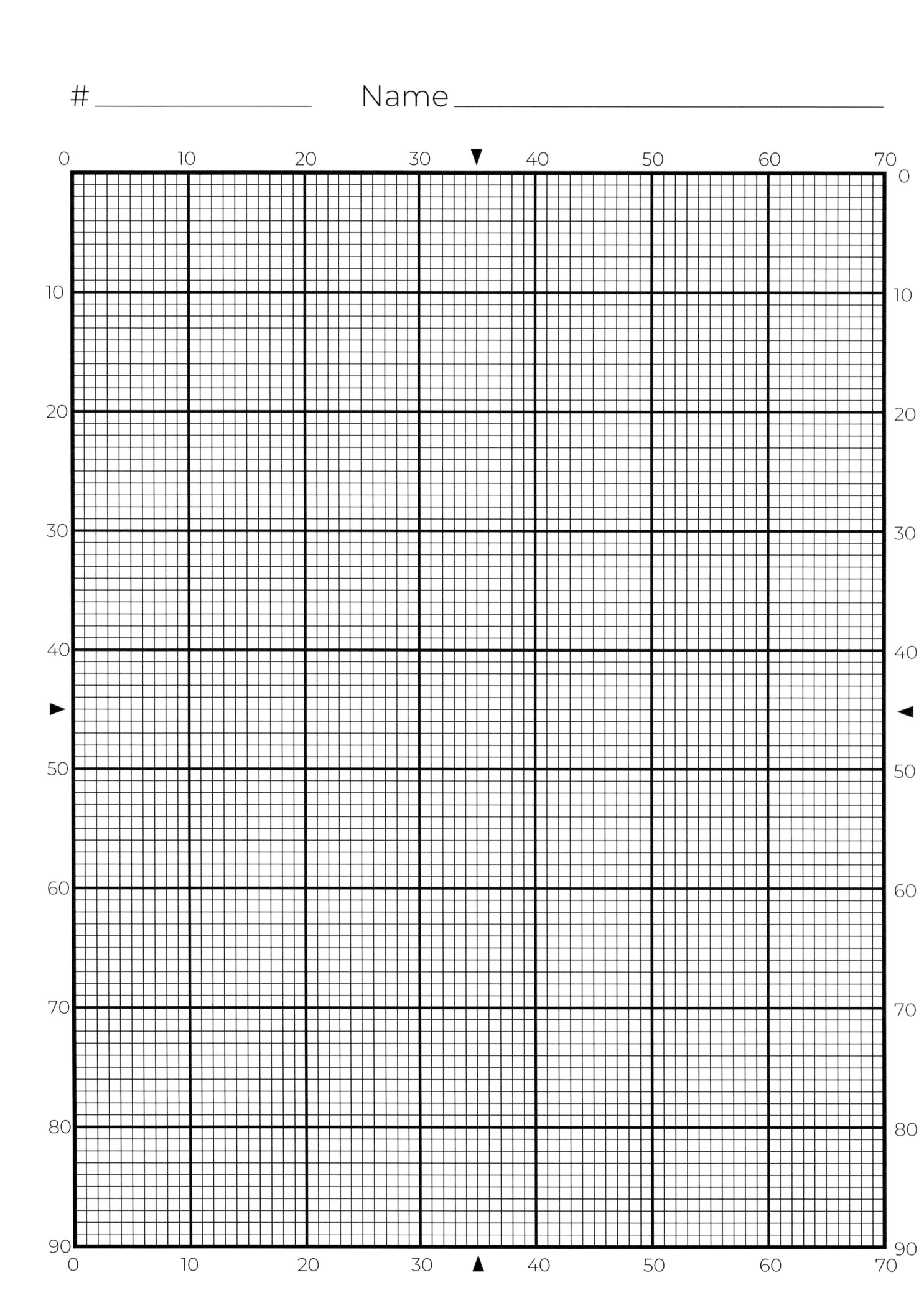

\# _____ Name_____

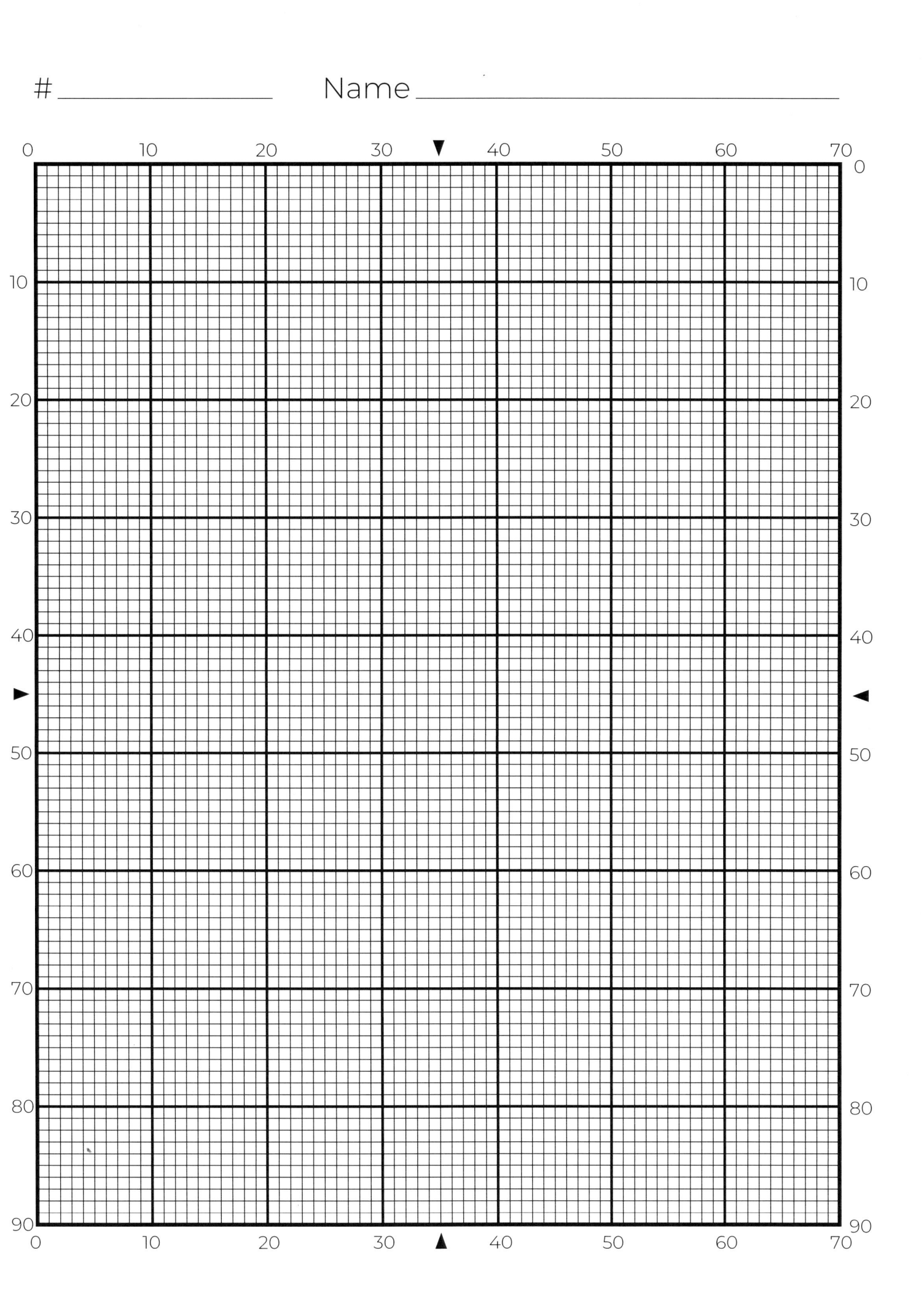

\# _____   Name_____

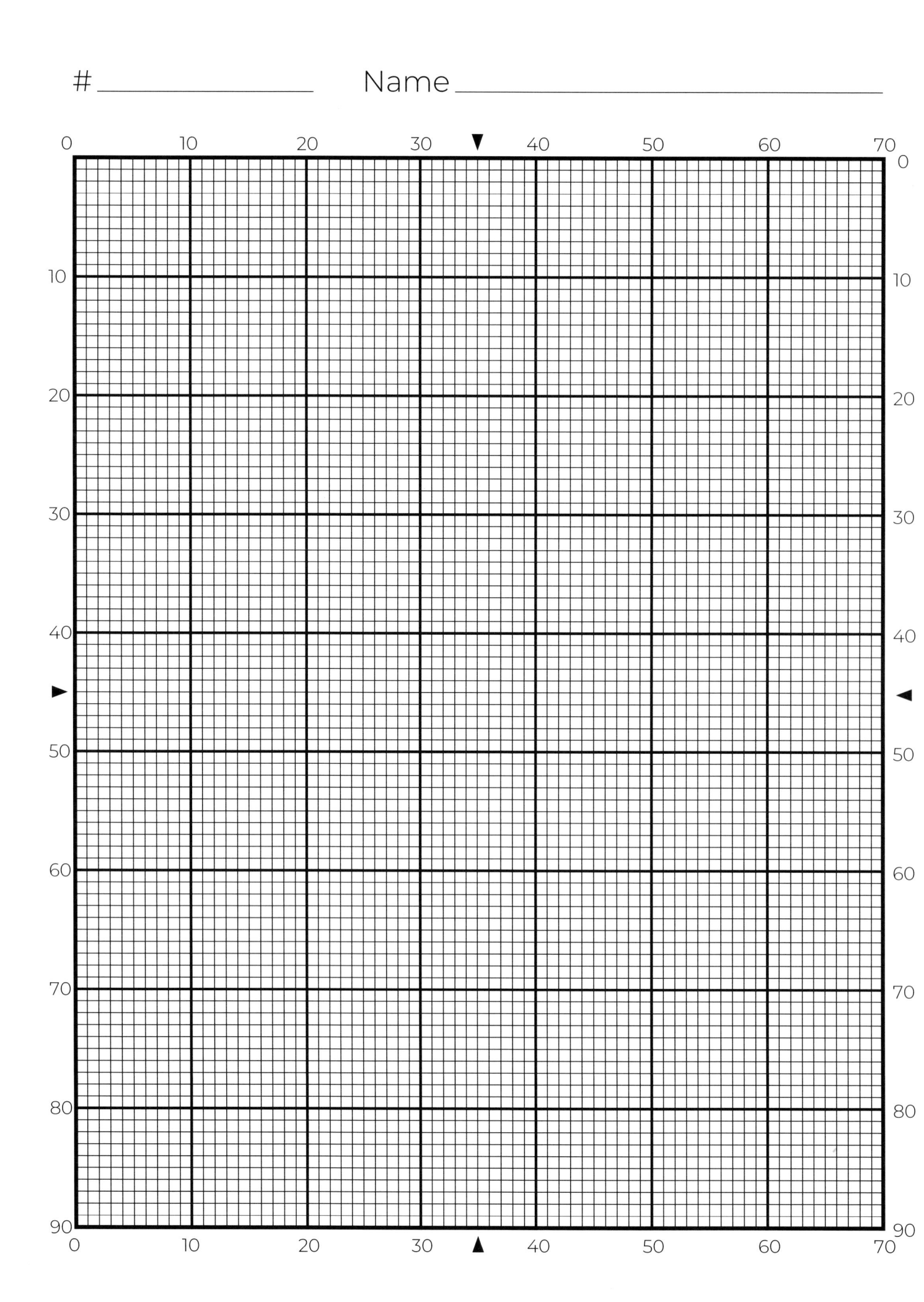

\# _____ Name _____

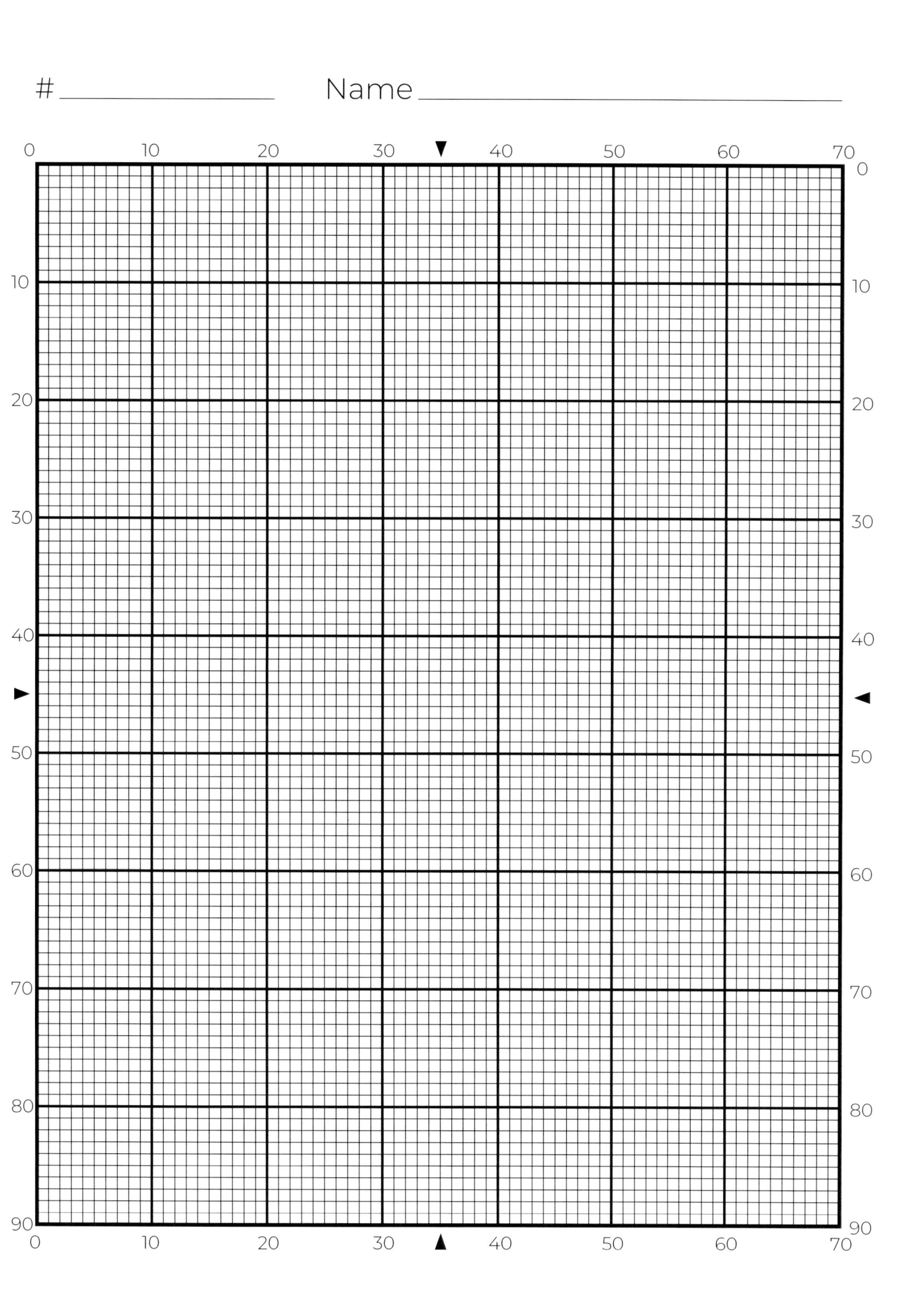

\#_____ Name_____

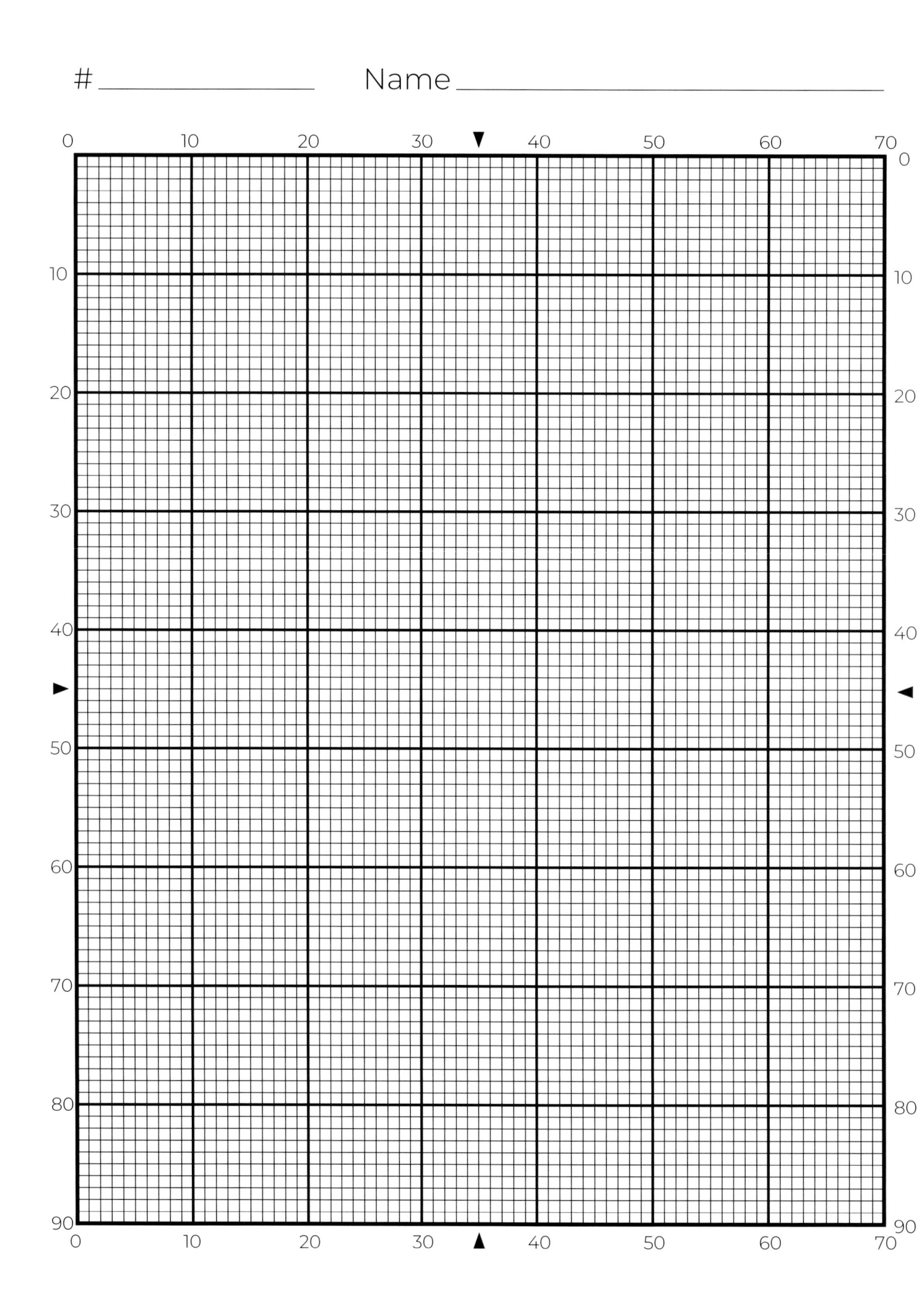

\# _____ Name_____

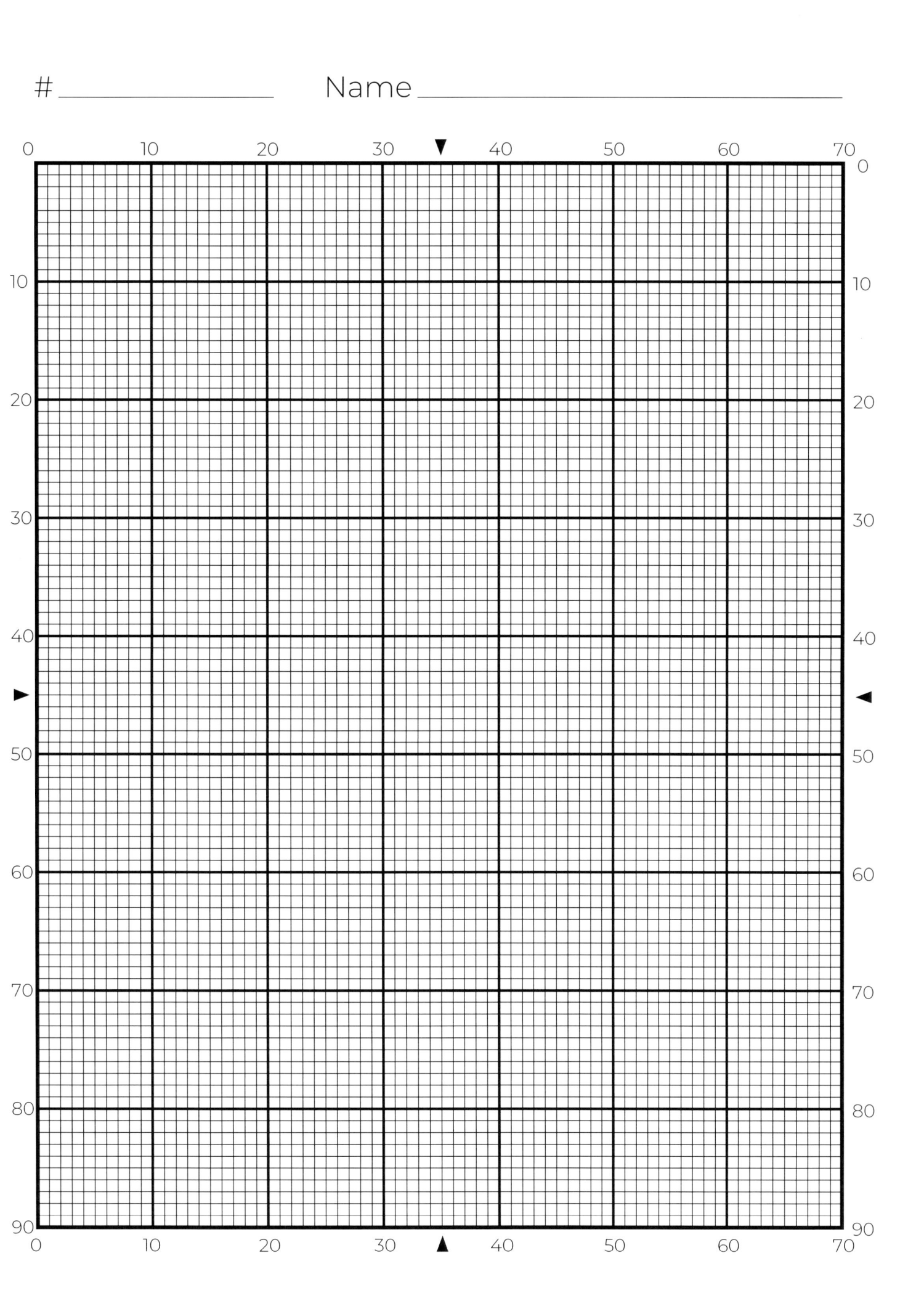

\#_____ Name_____

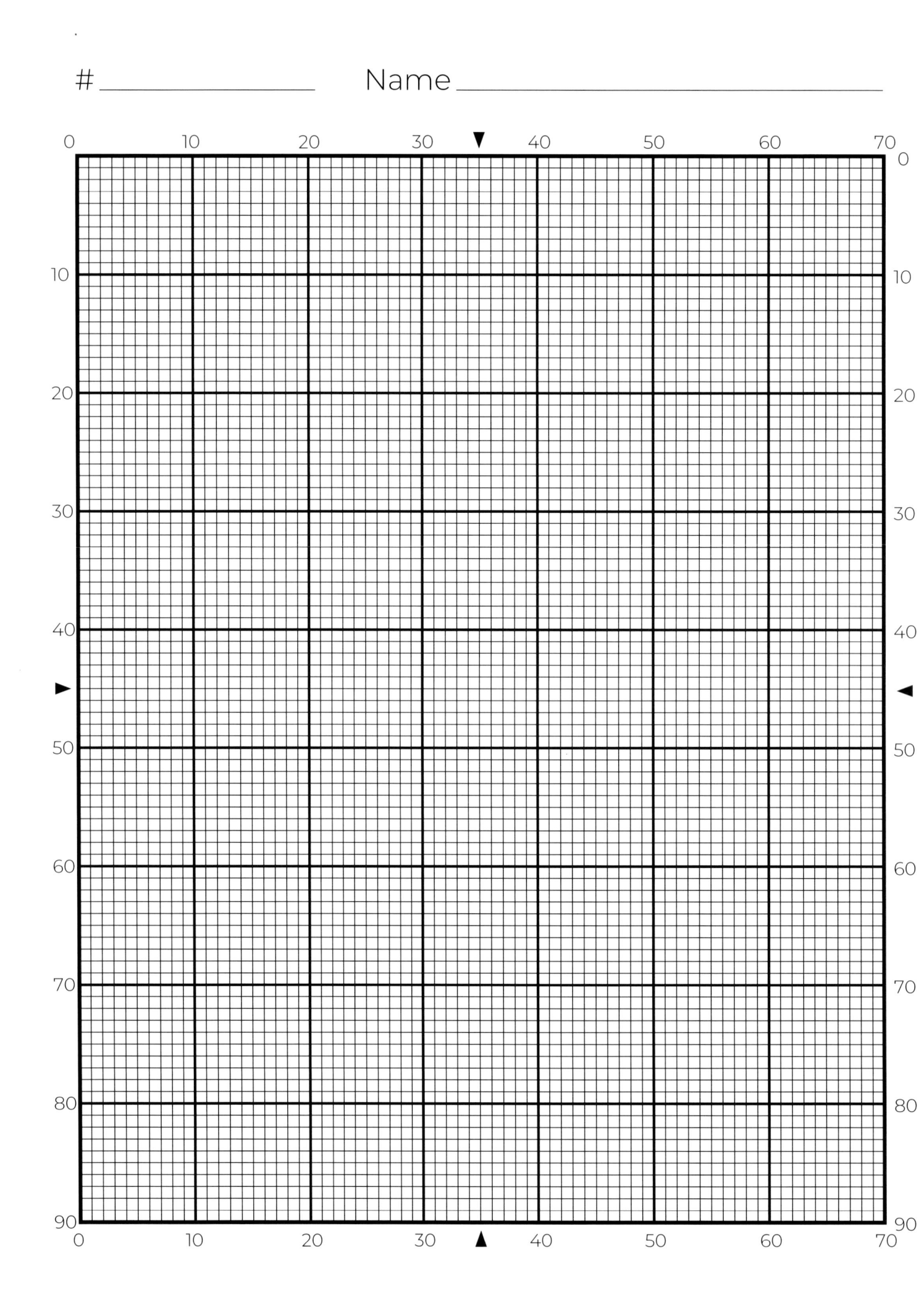

\#_____ Name_____

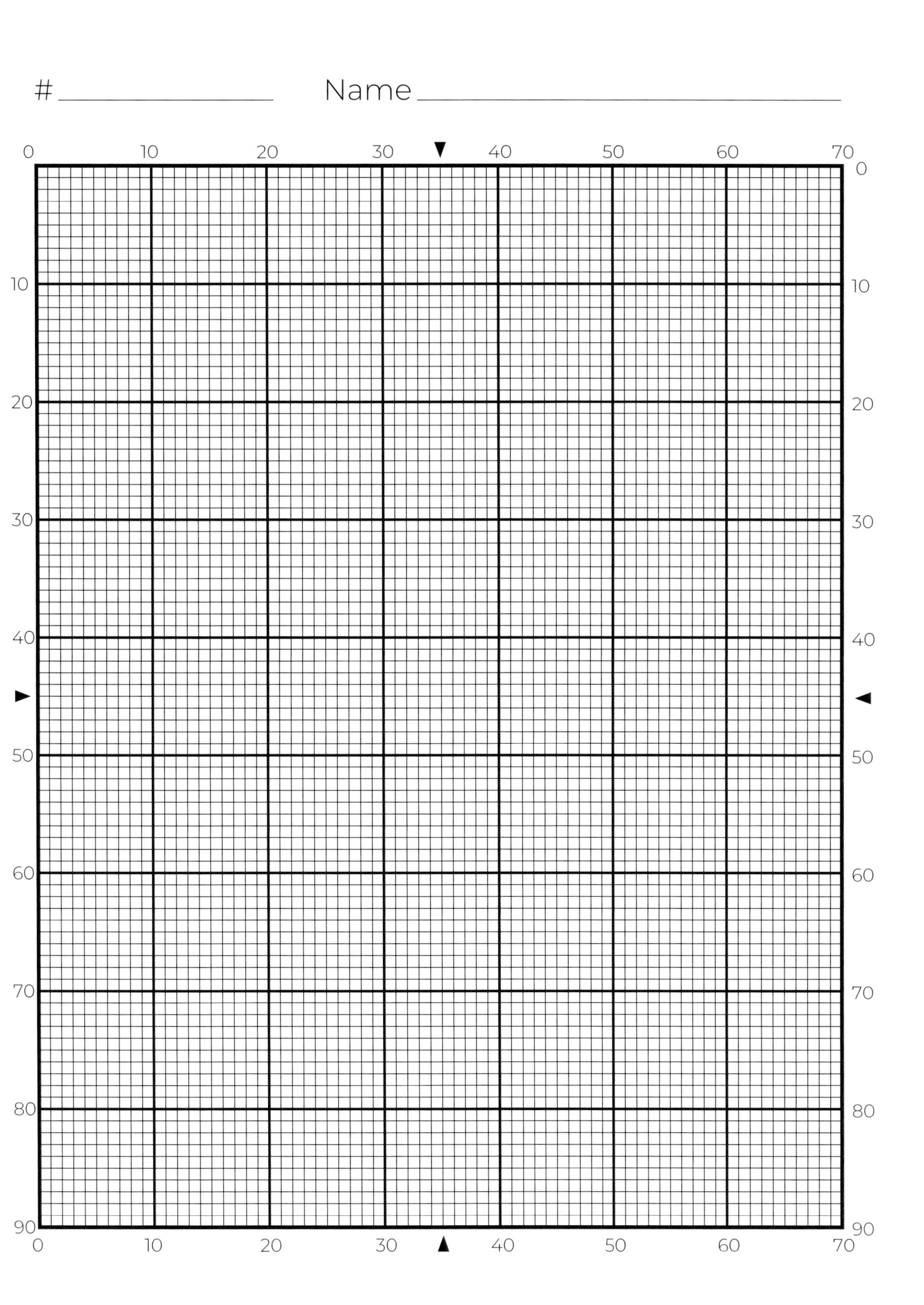

\# _____   Name_____

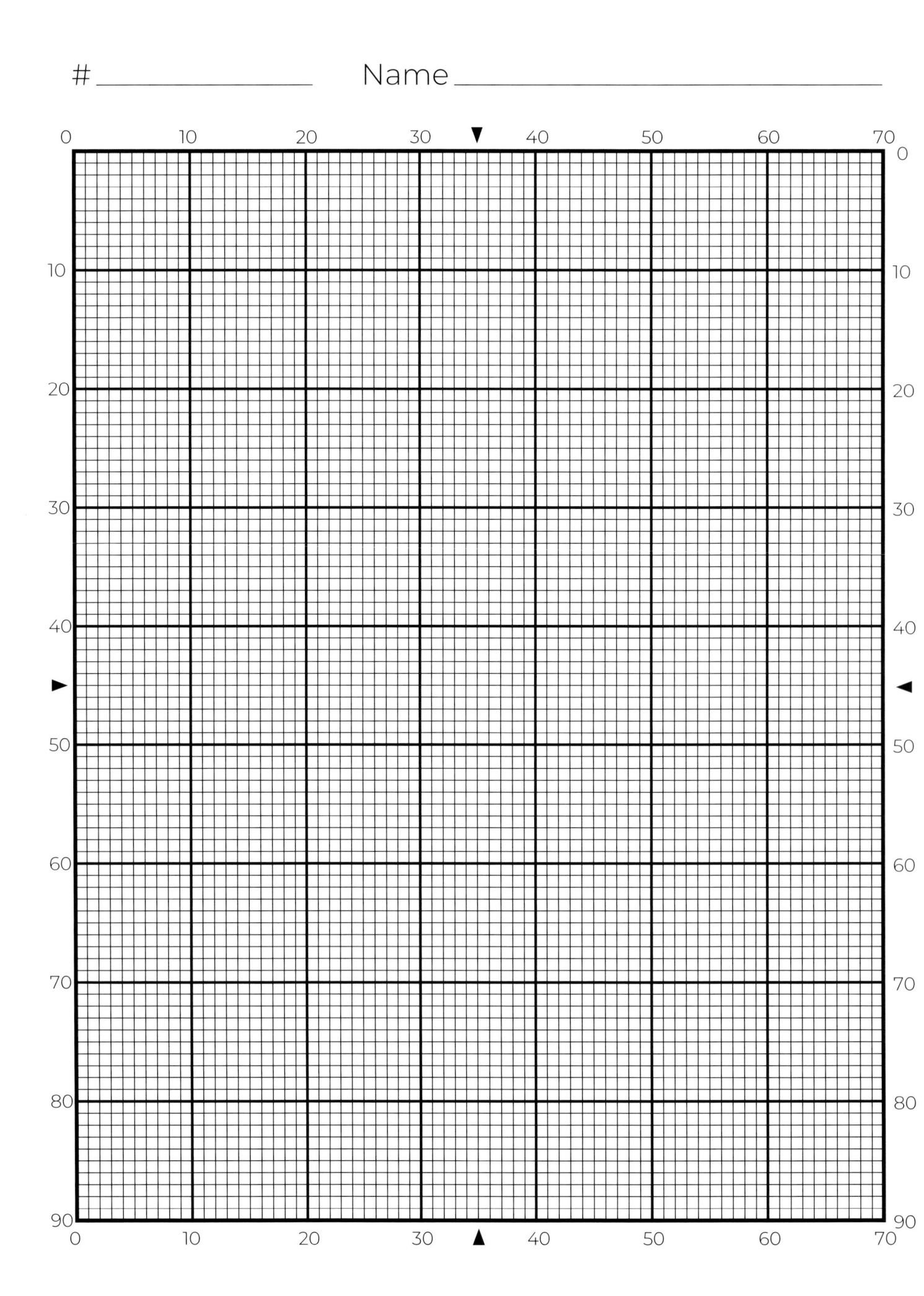

\#_____   Name_____

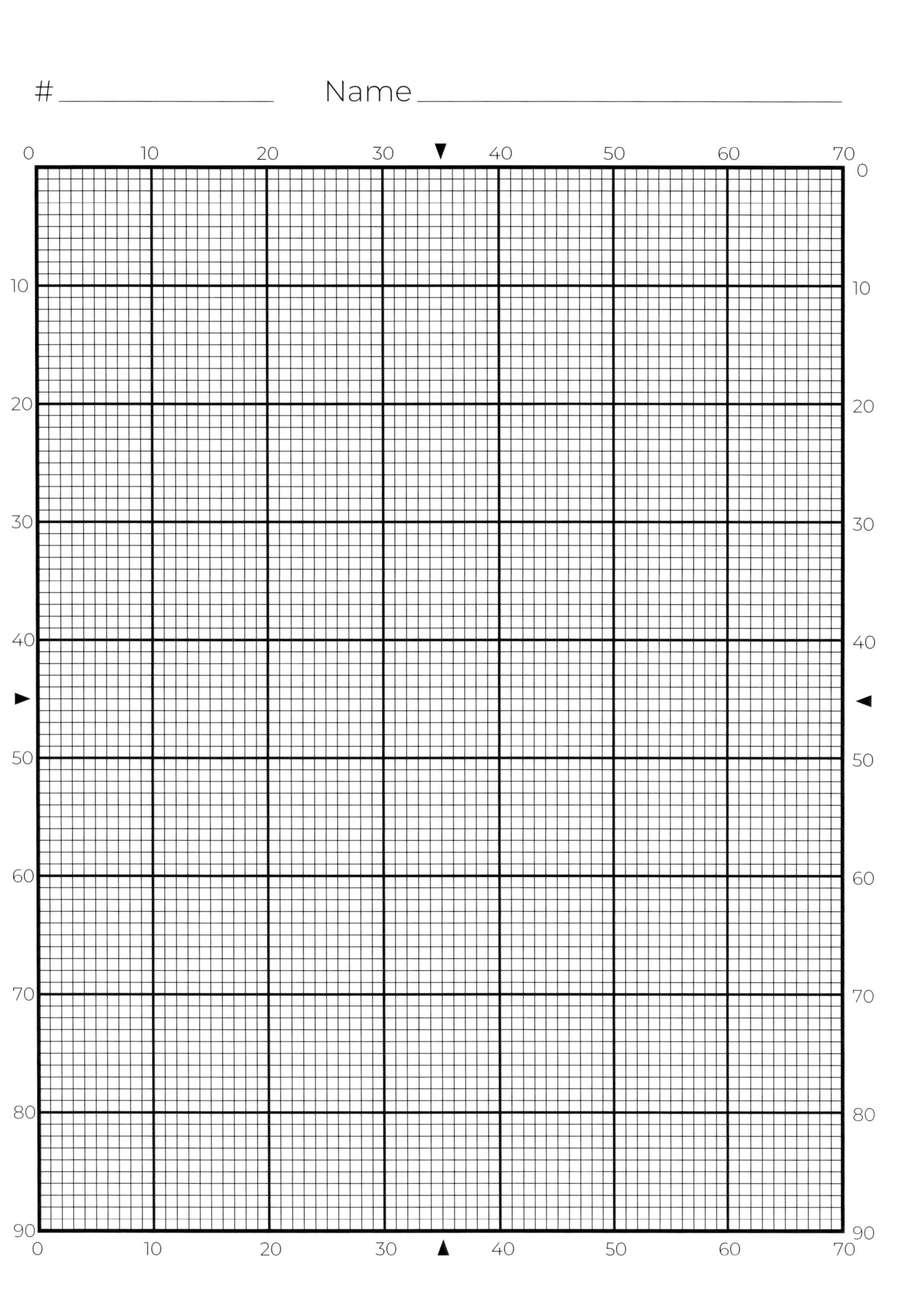

\#_____ Name_____

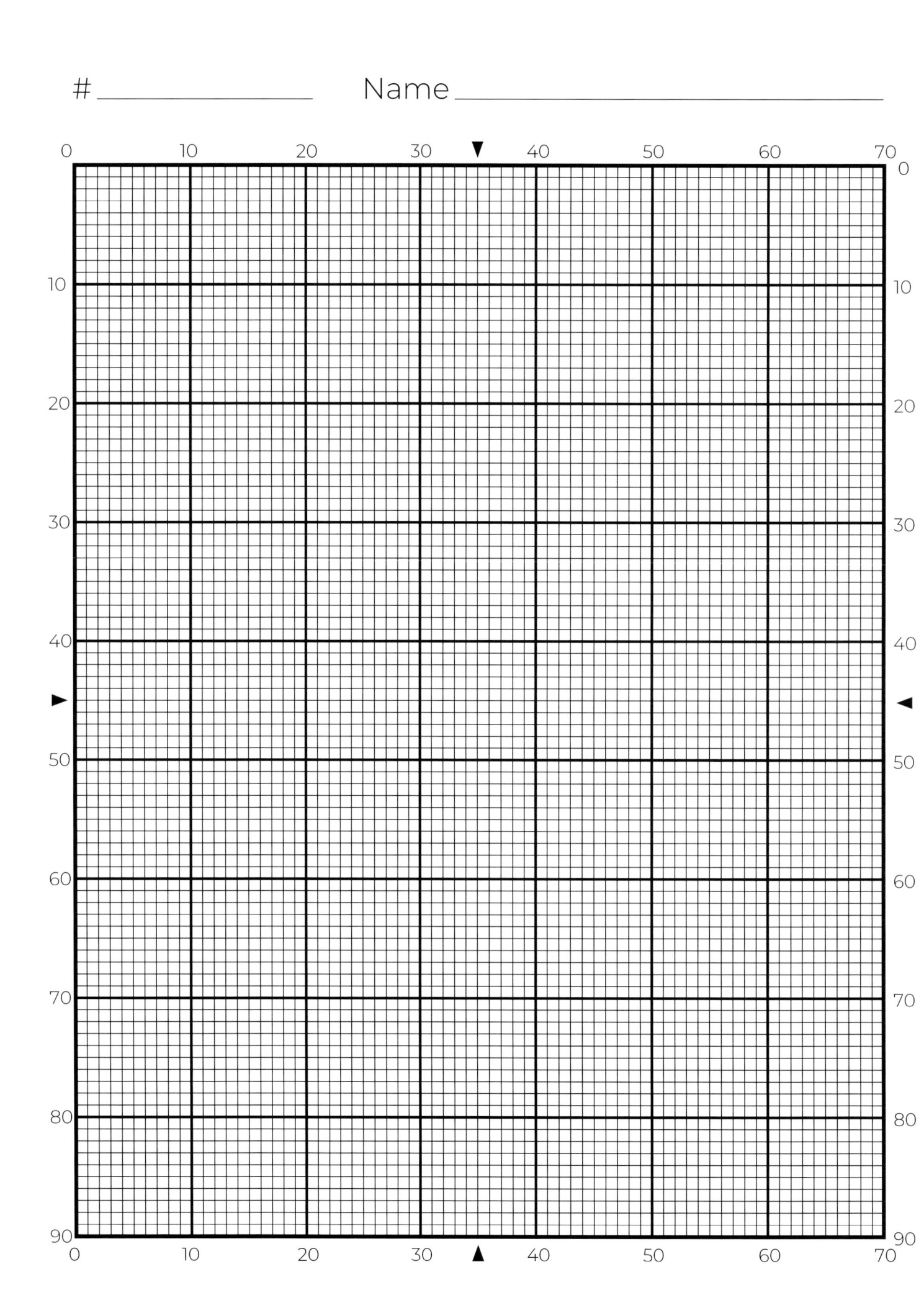

\# _____ Name_____

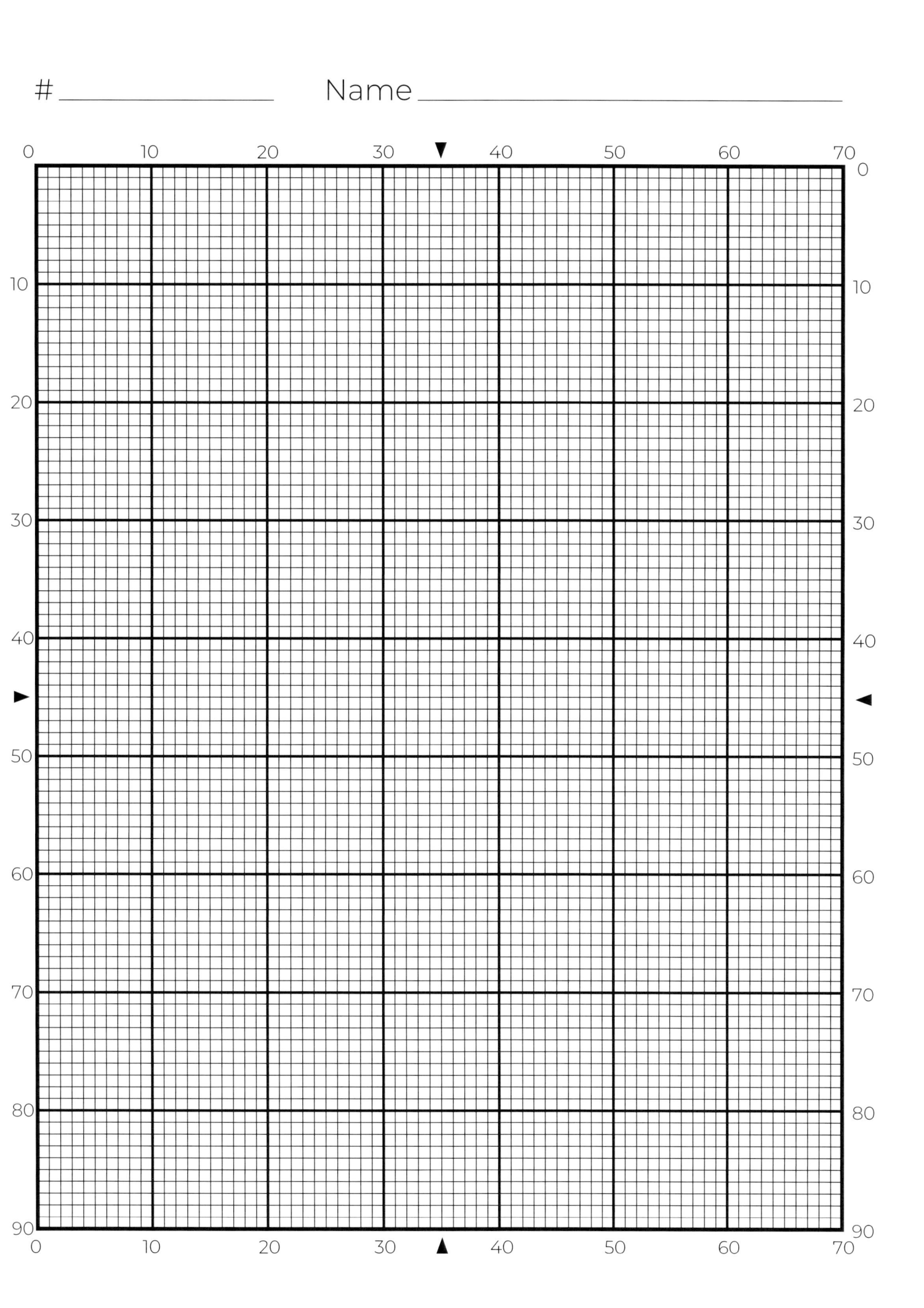

\#_____ Name_____

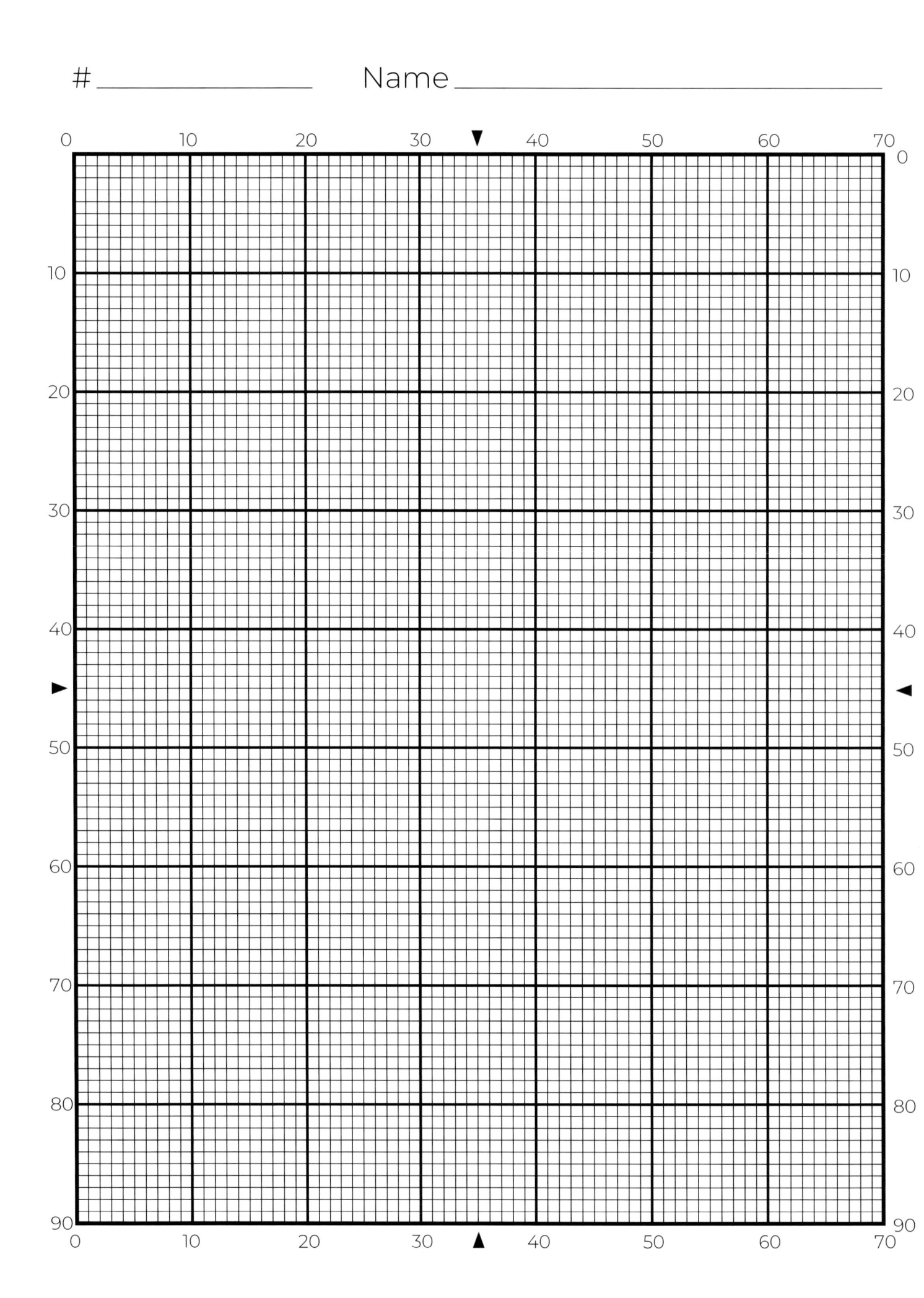

\#_____ Name_____

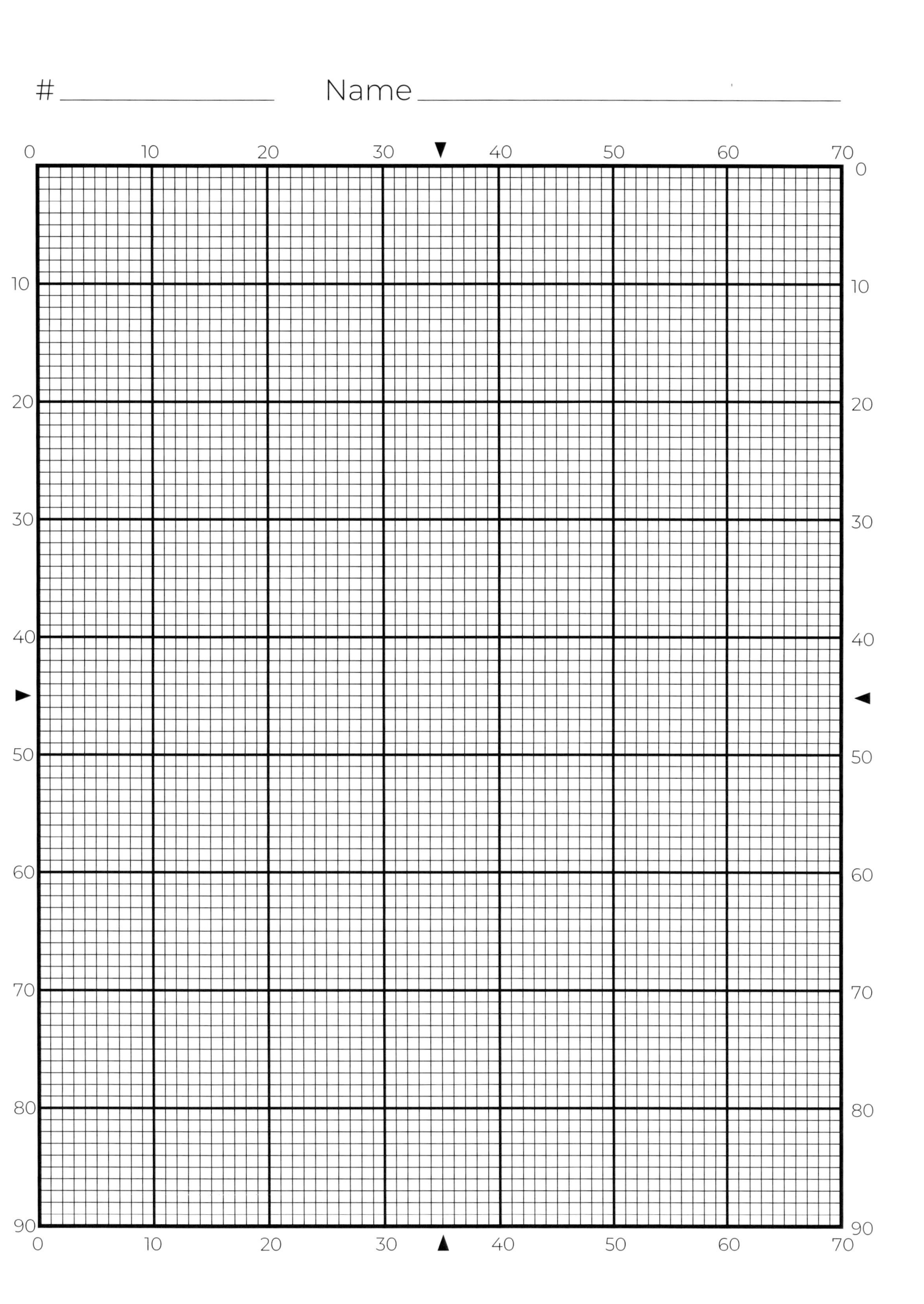

_____ Name _____

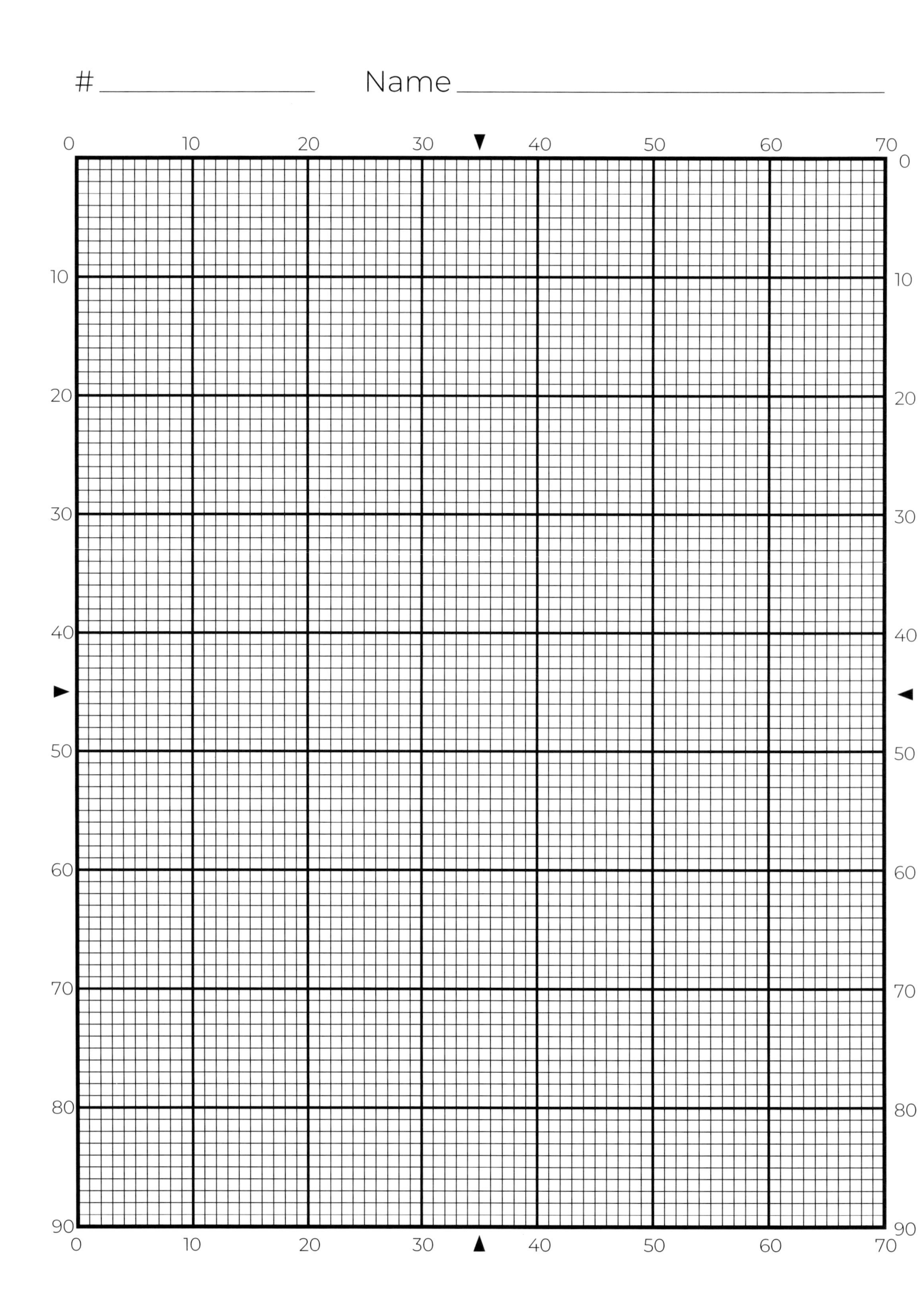

\#_____ Name_____

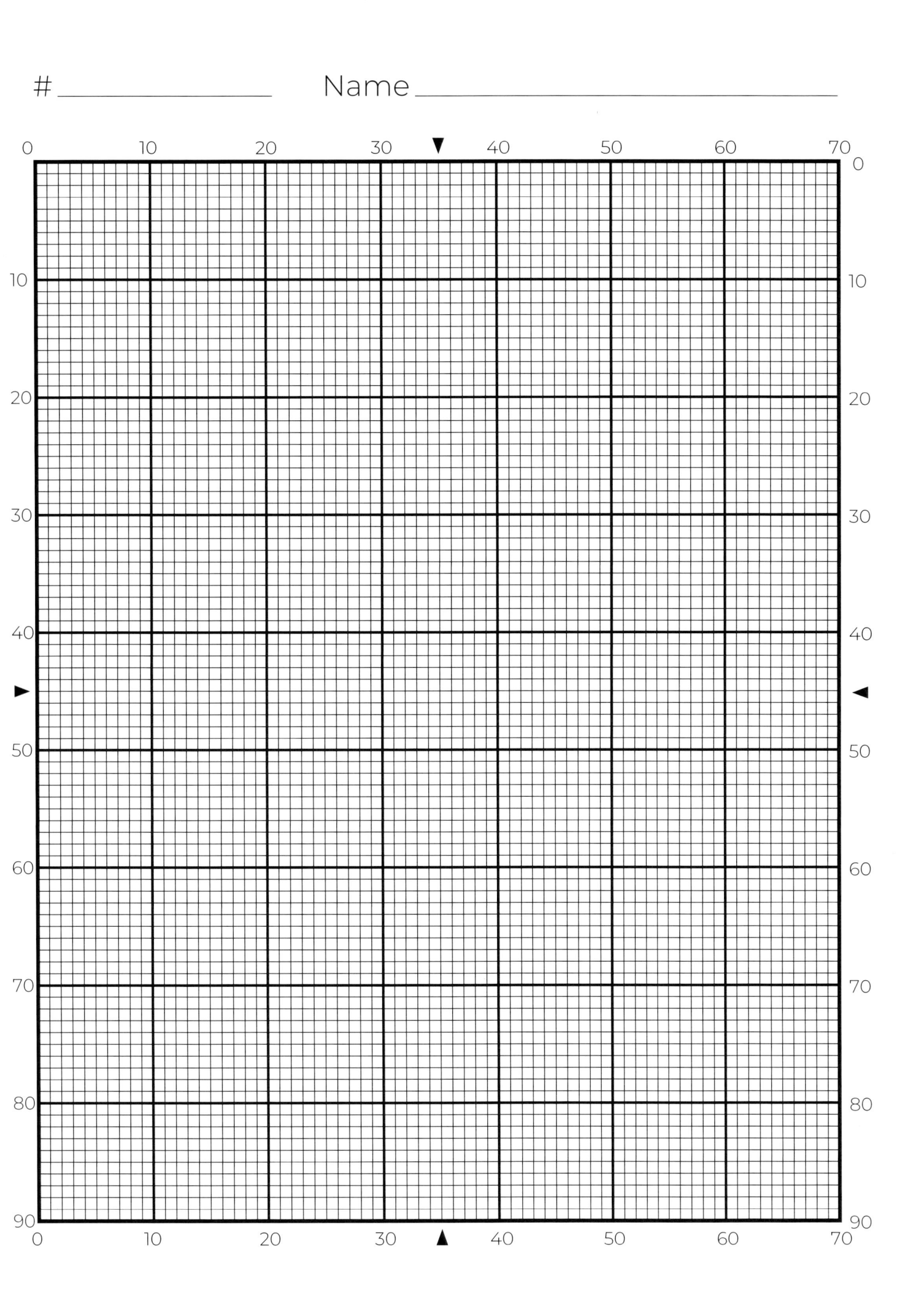

\# _____ Name _____

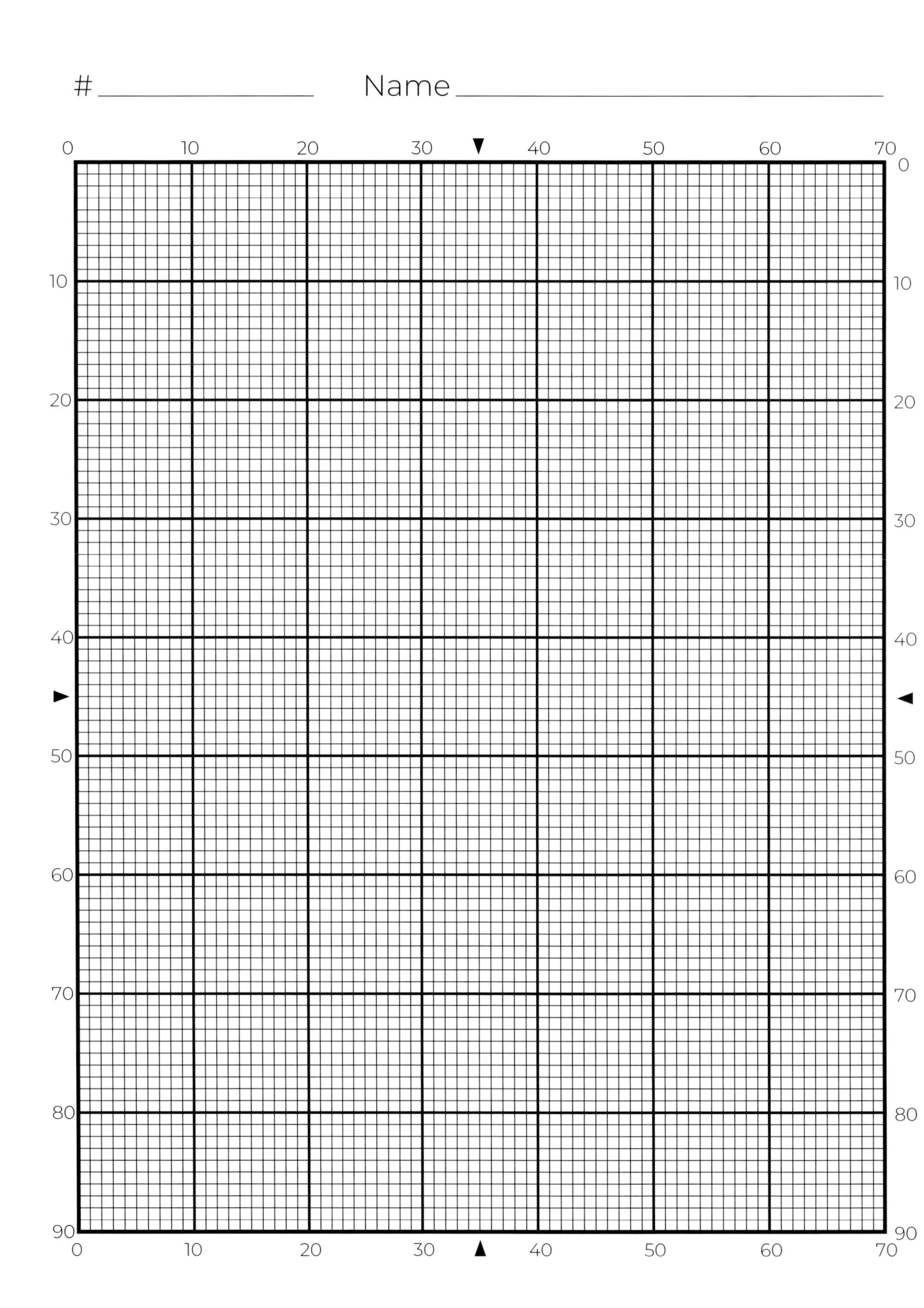

\#_____ Name_____

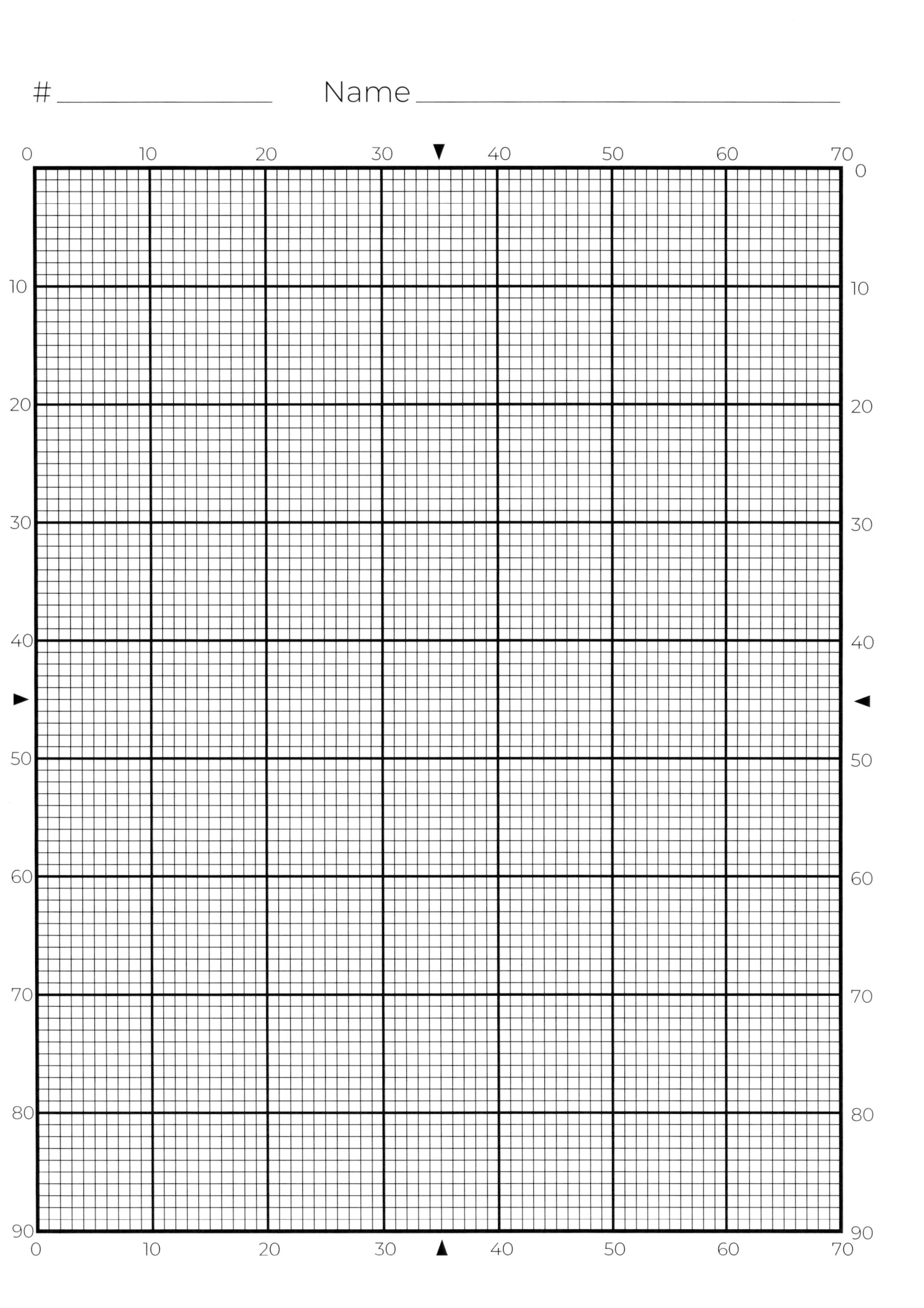

_____   Name _____

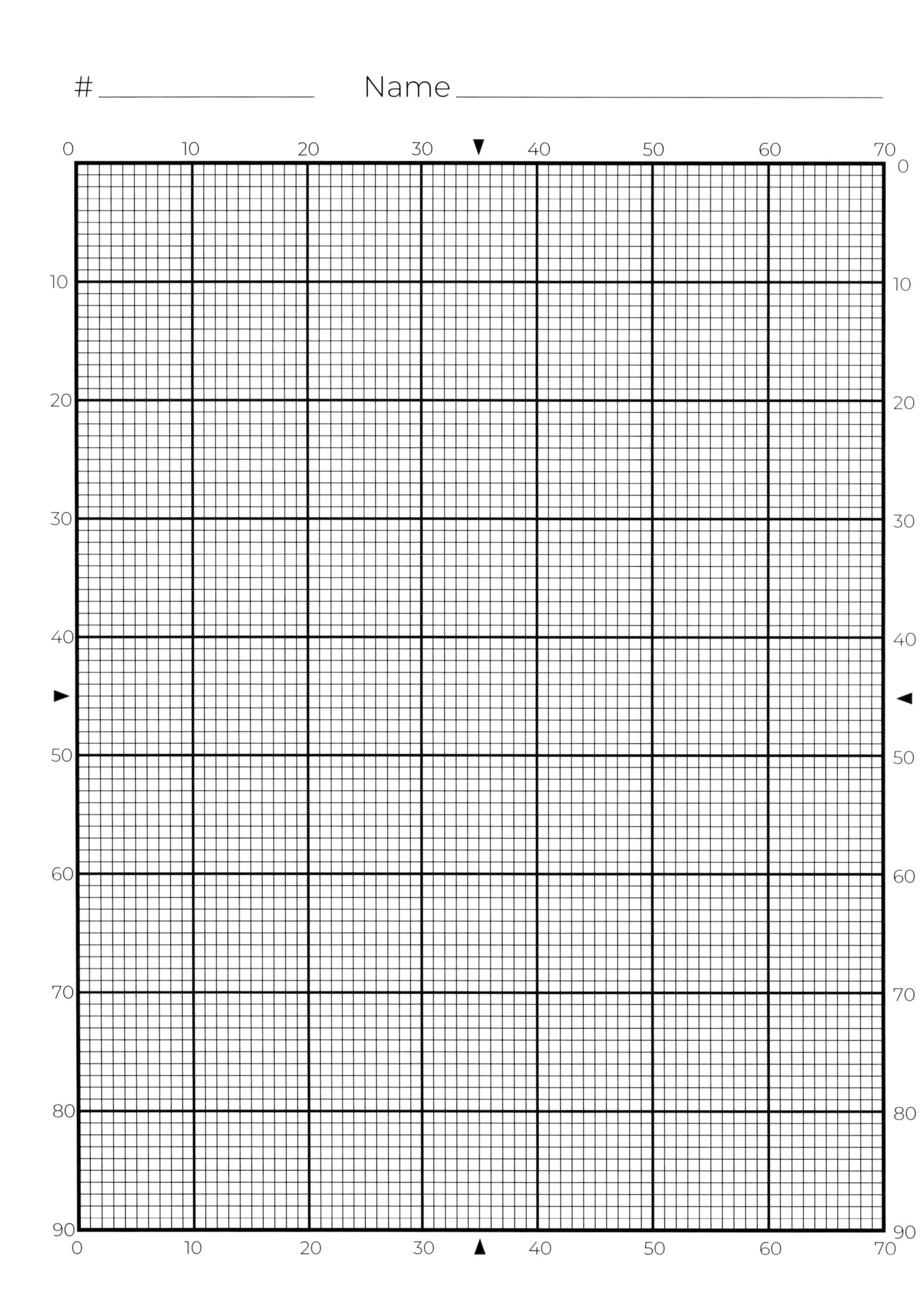

\#_____   Name_____

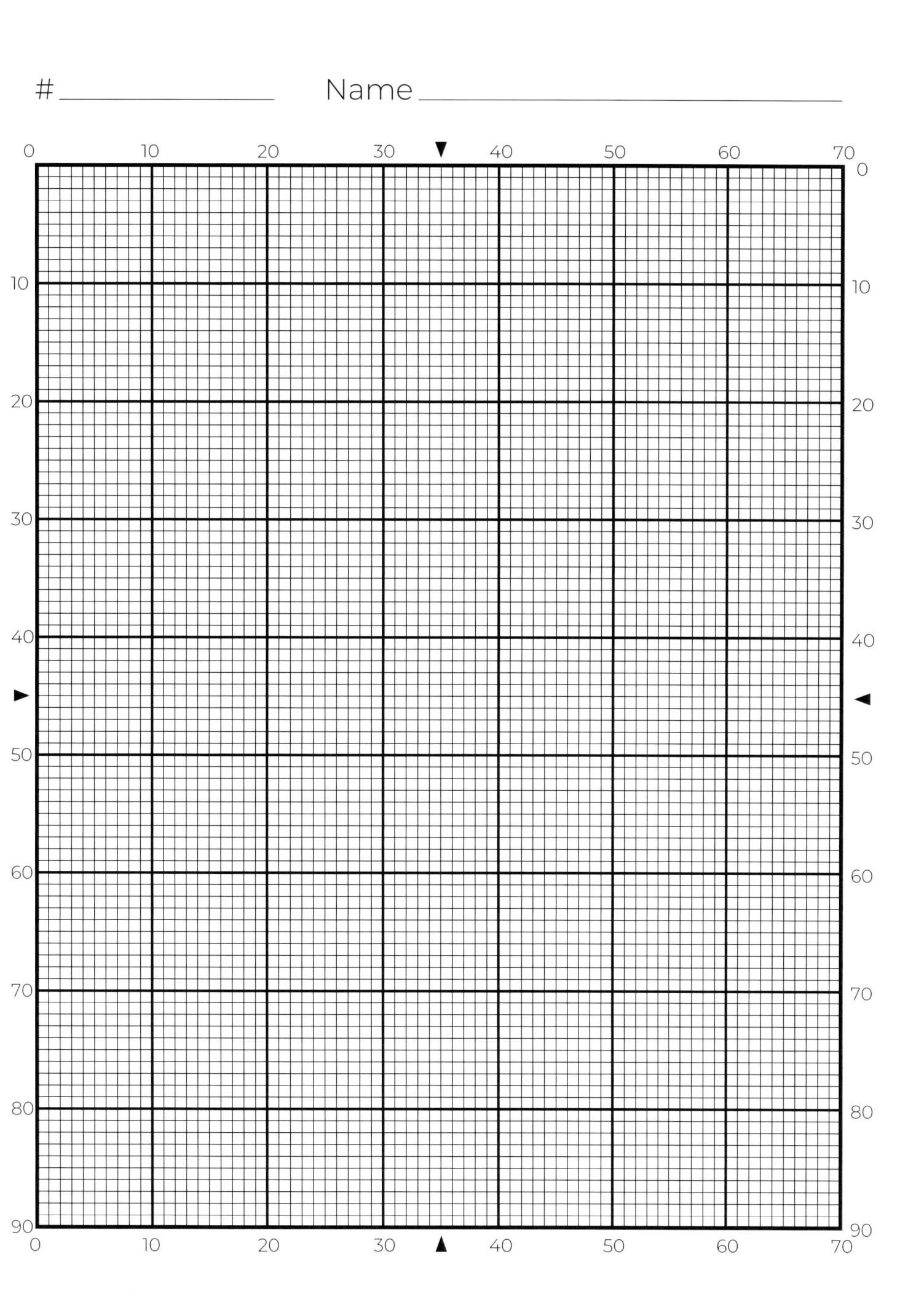

\# _____ Name _____

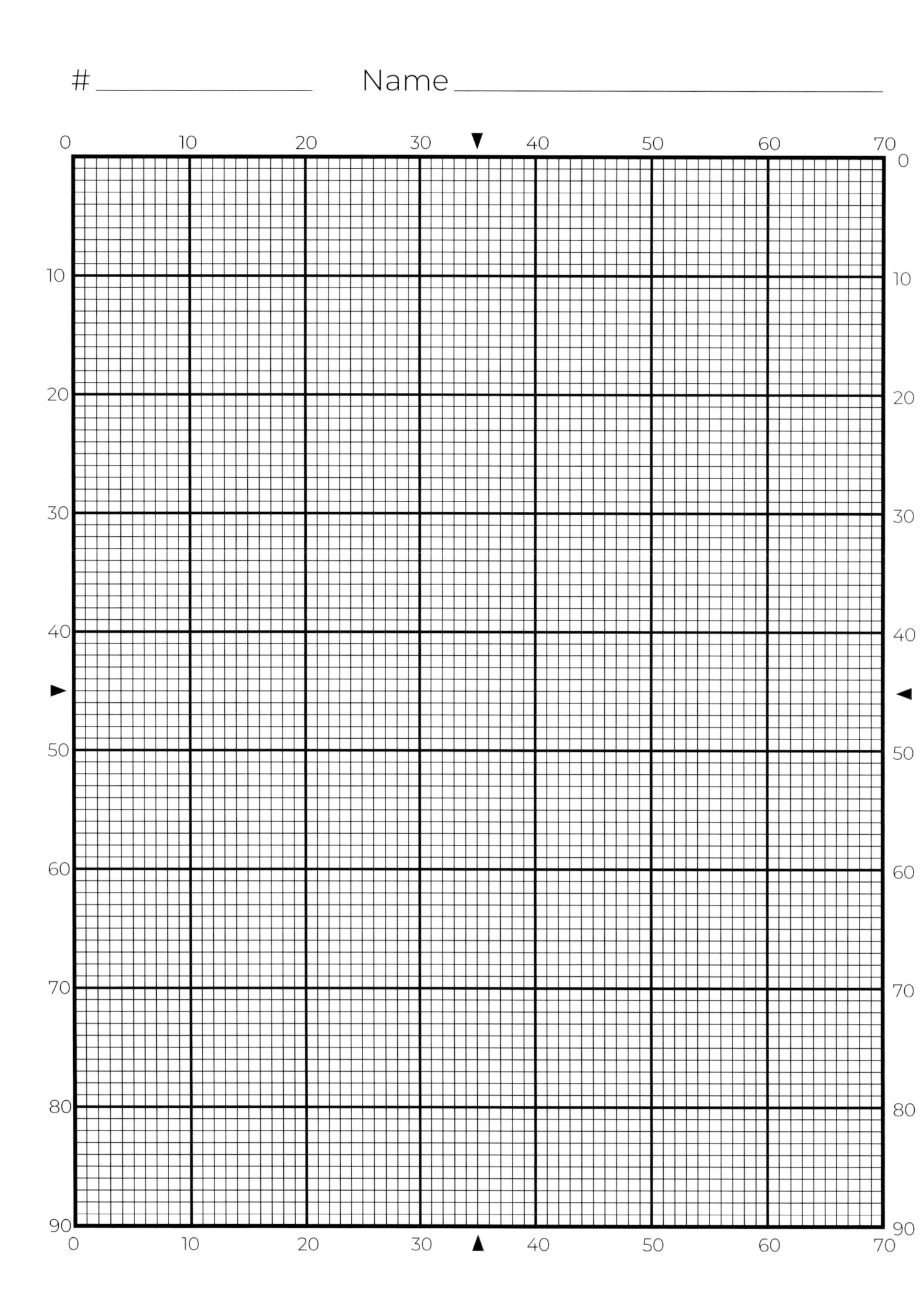

\#_____ Name_____

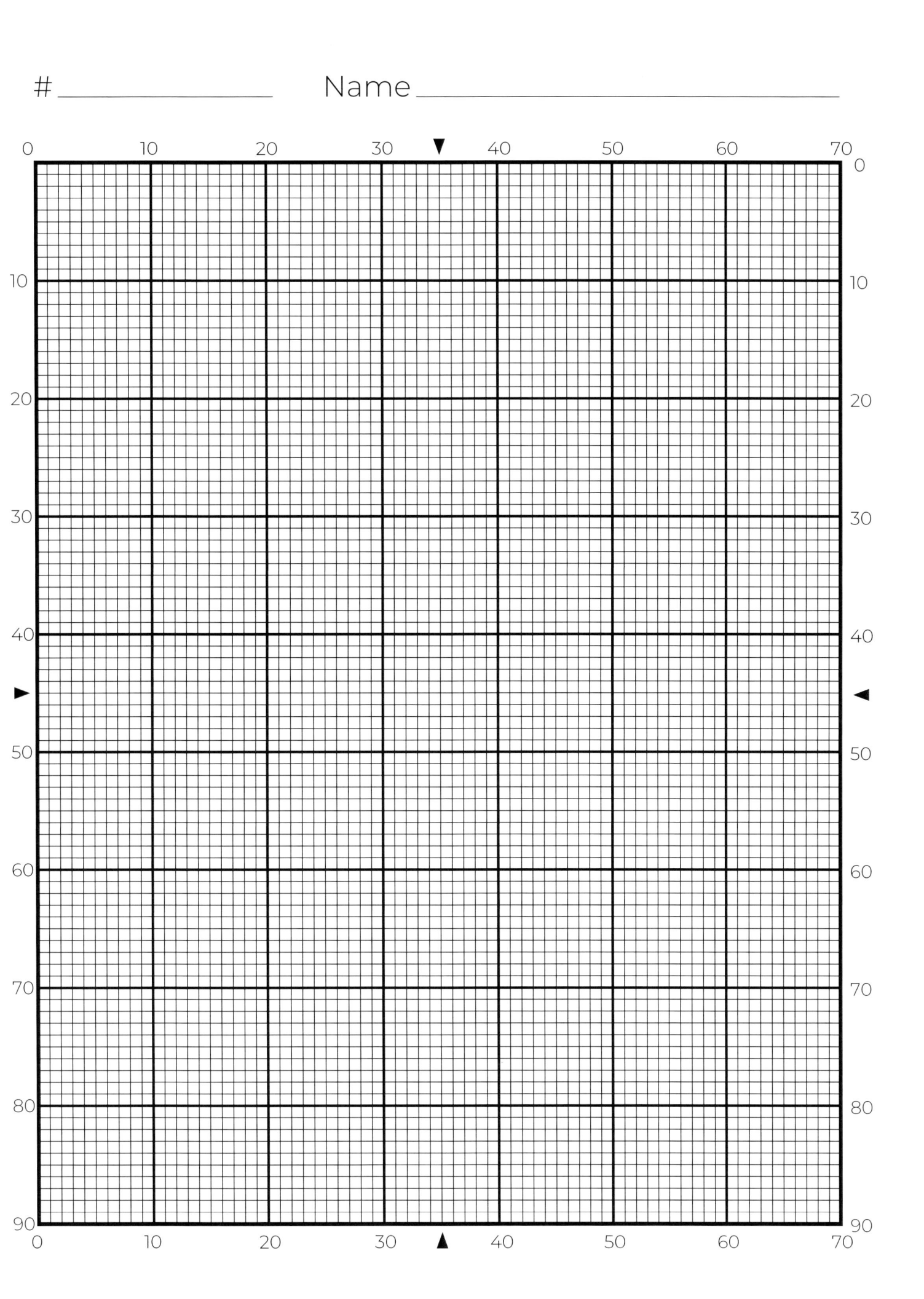

_____   Name_____

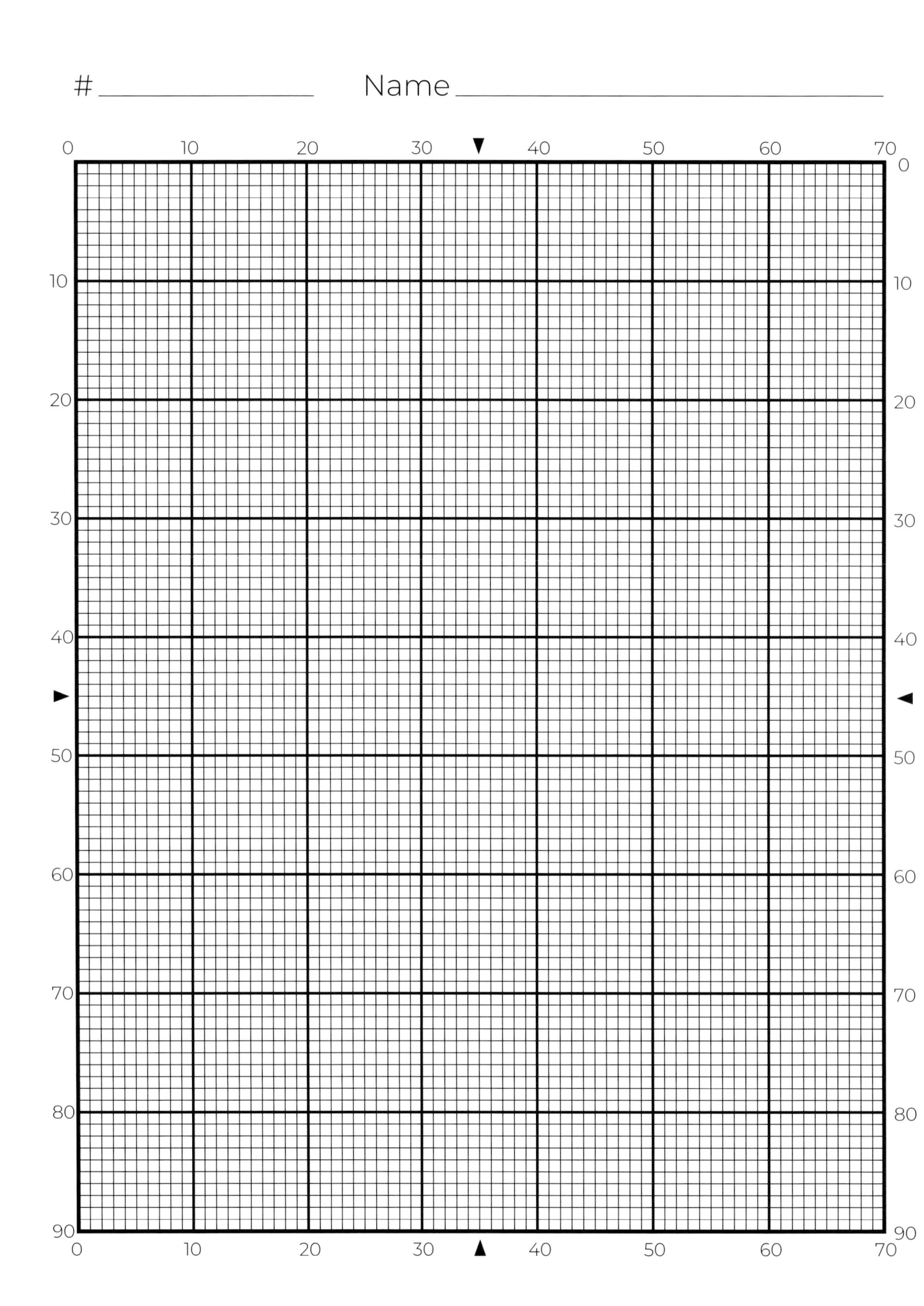

_____   Name _____

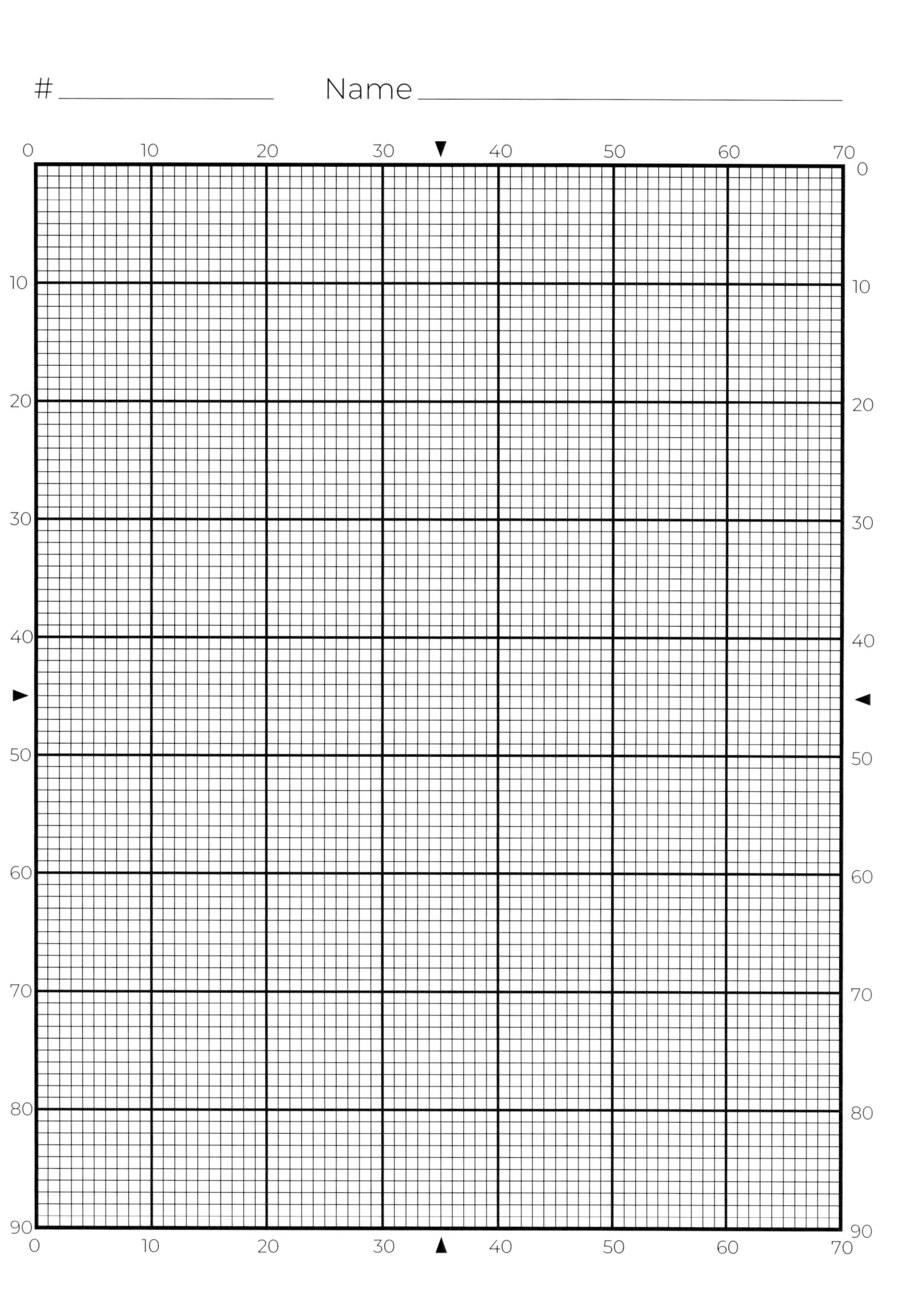

\#_____ Name_____

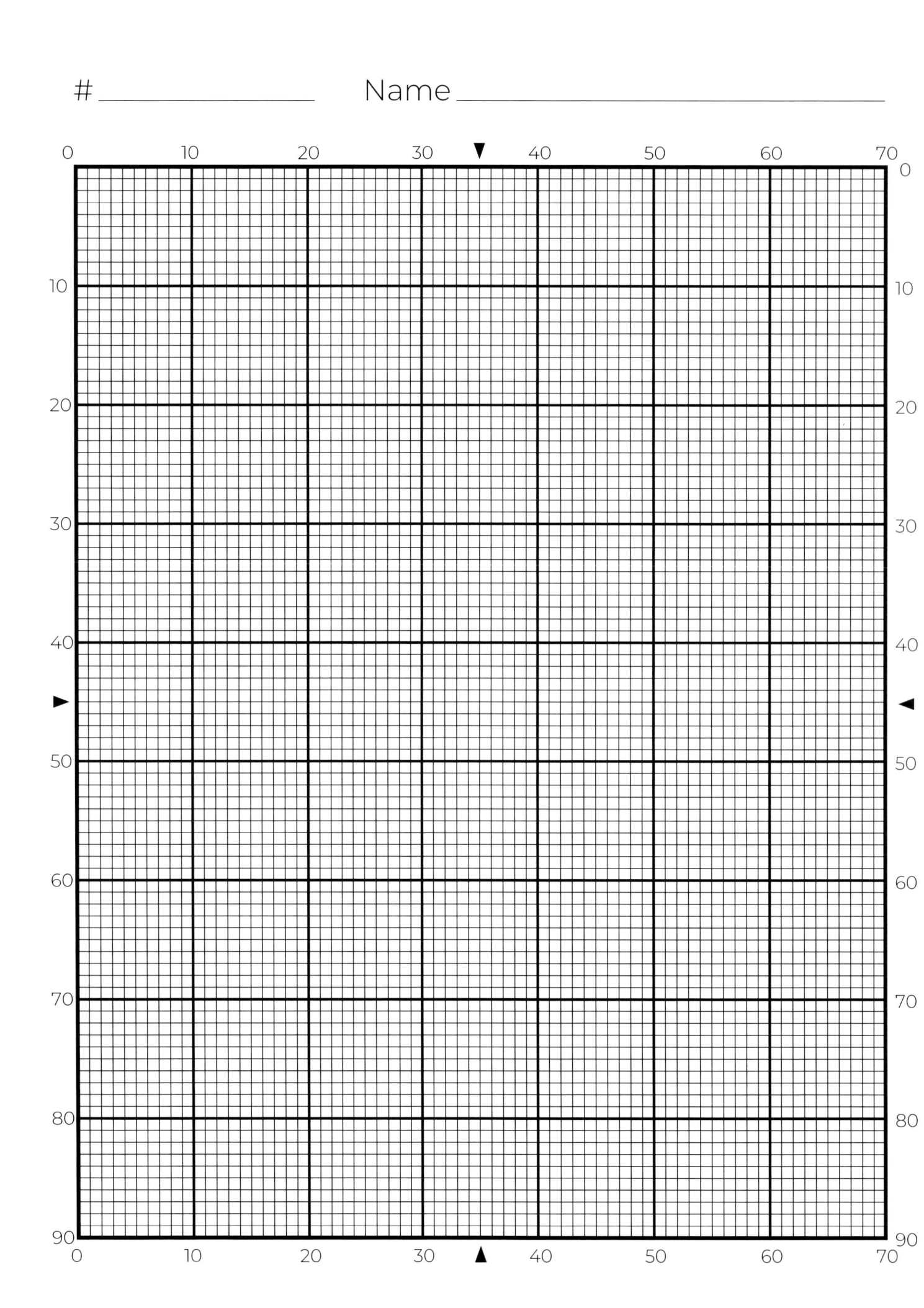

\# _____ Name_____

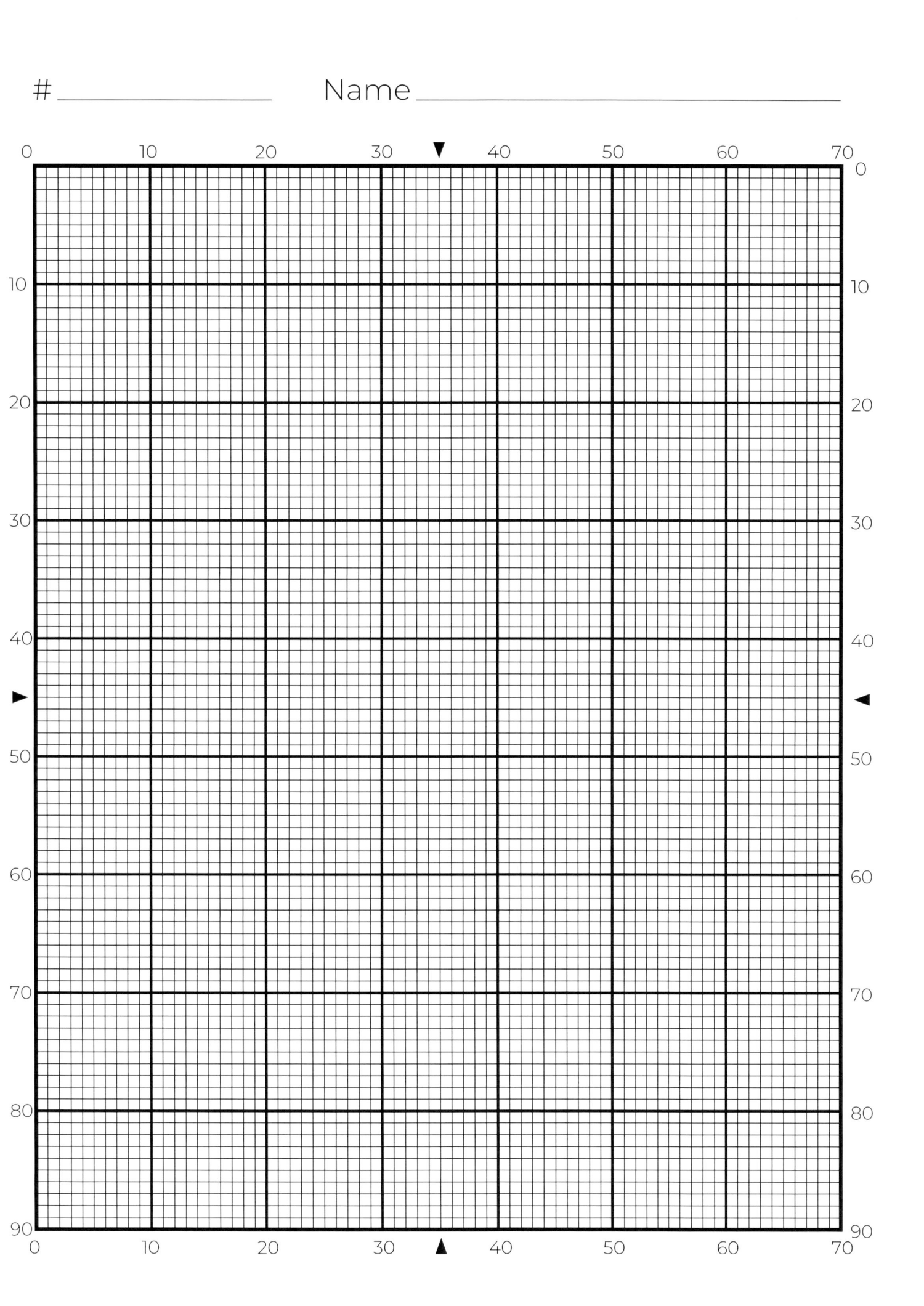

\# _____   Name _____

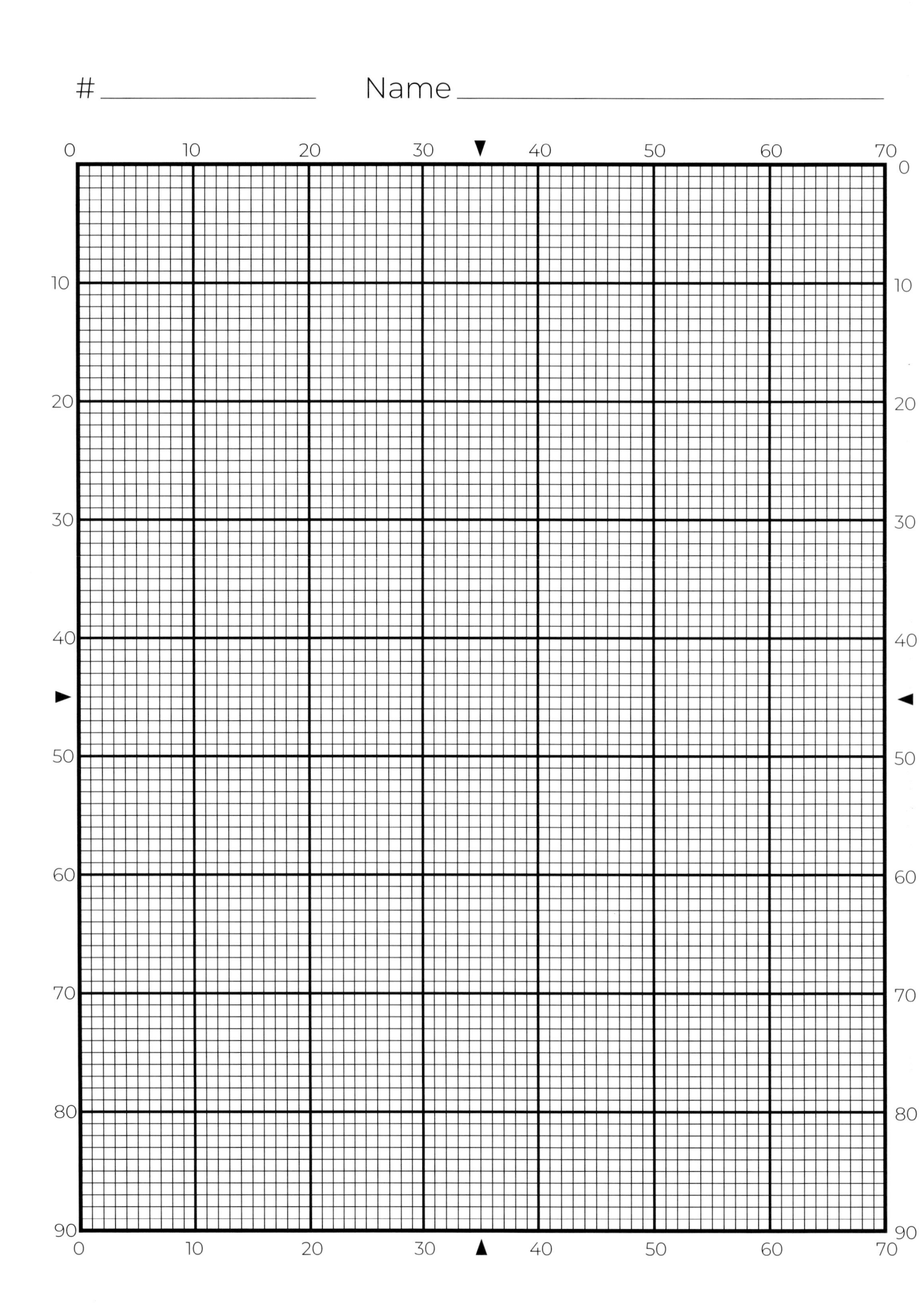

\# _____ Name_____

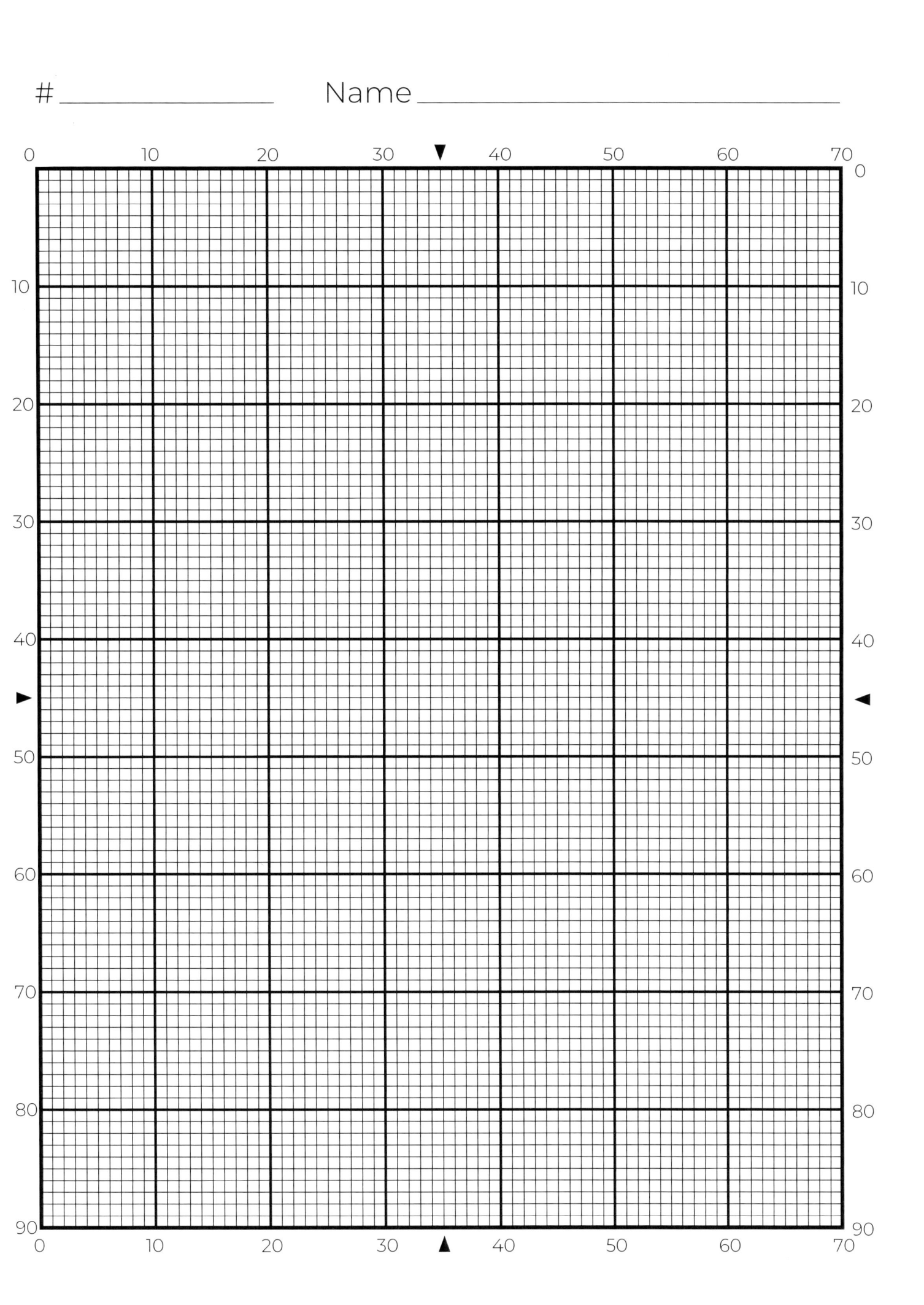

\#_____ Name_____

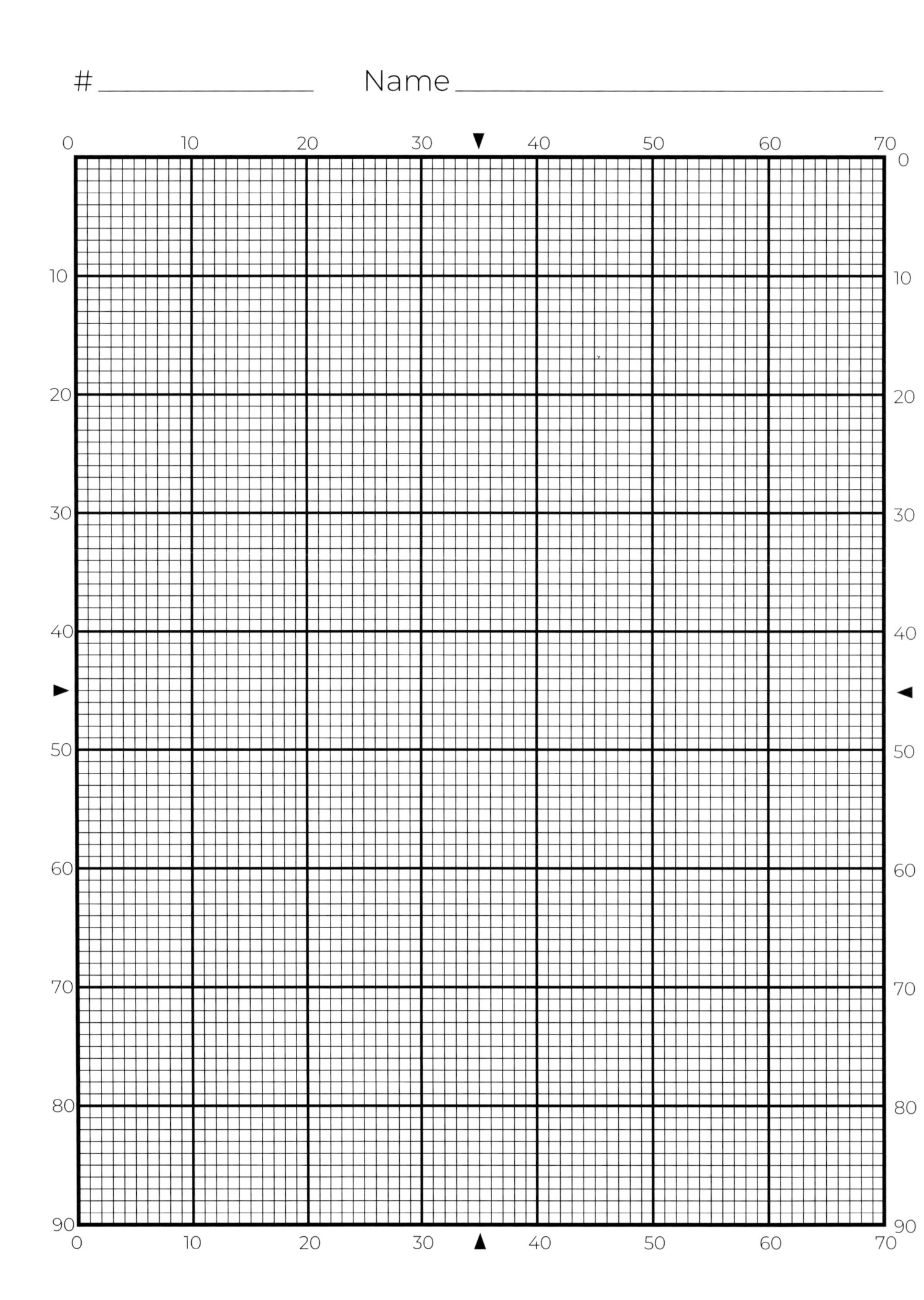

\#_____ Name_____

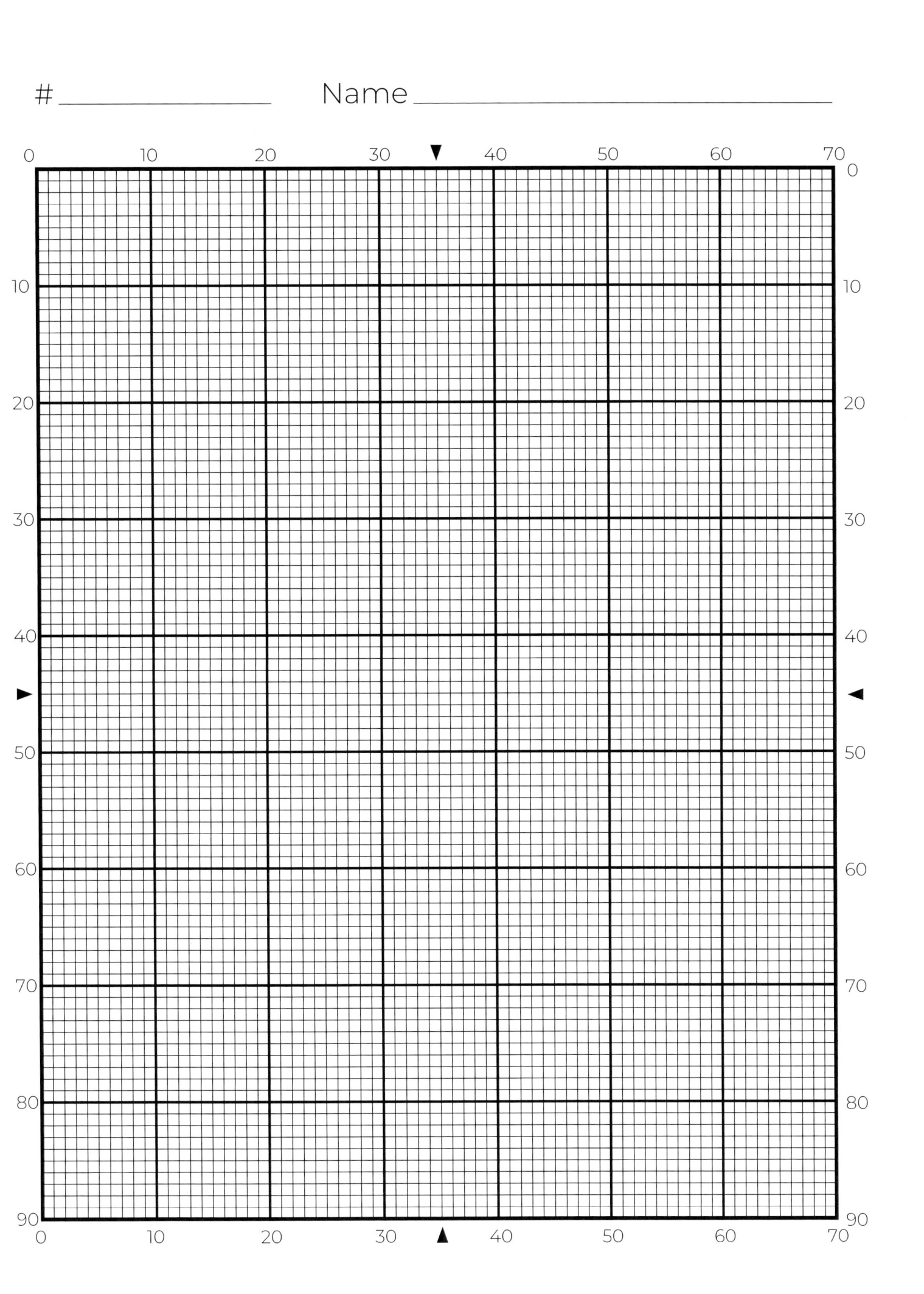

_____ Name _____

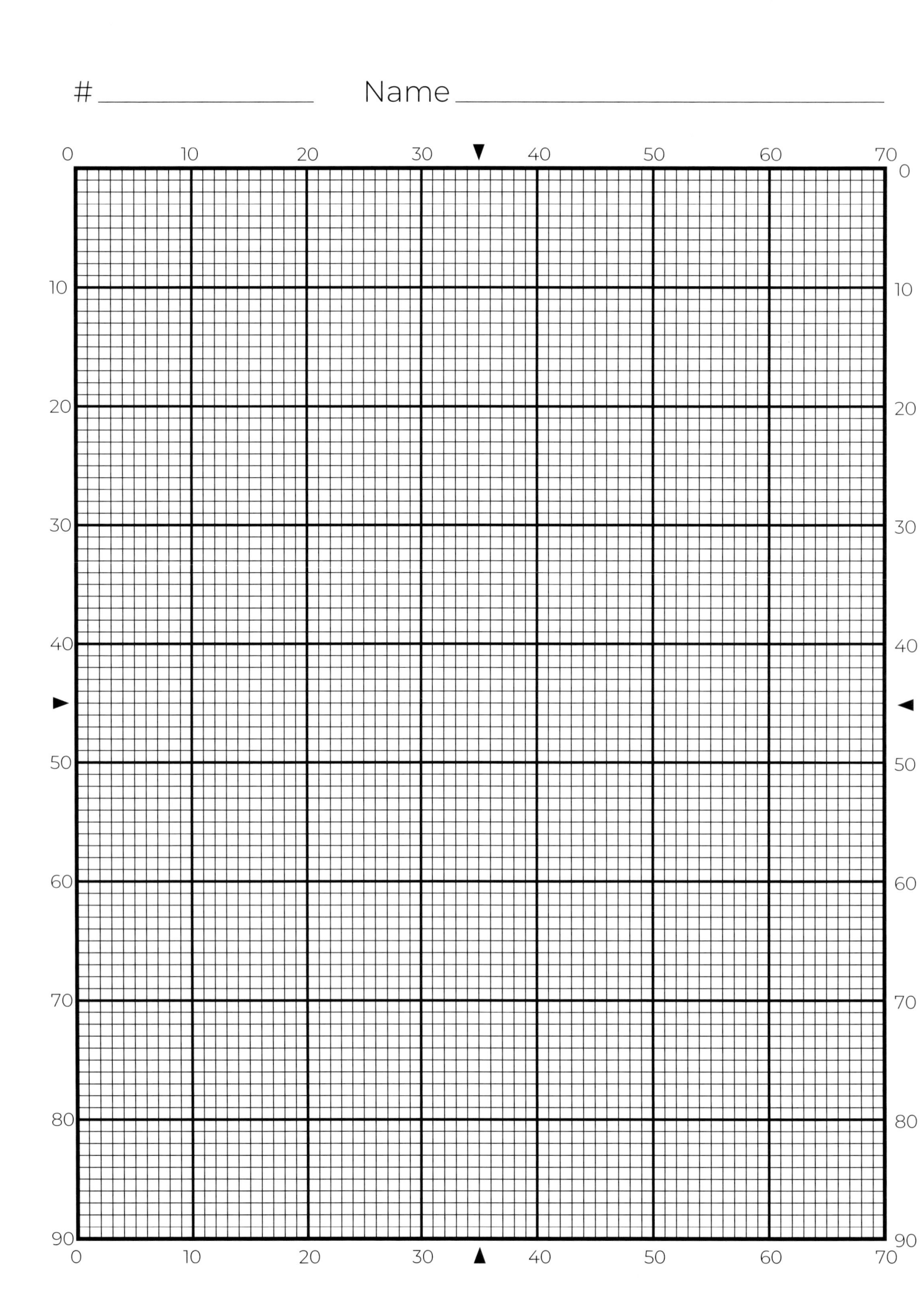

\# _____   Name_____

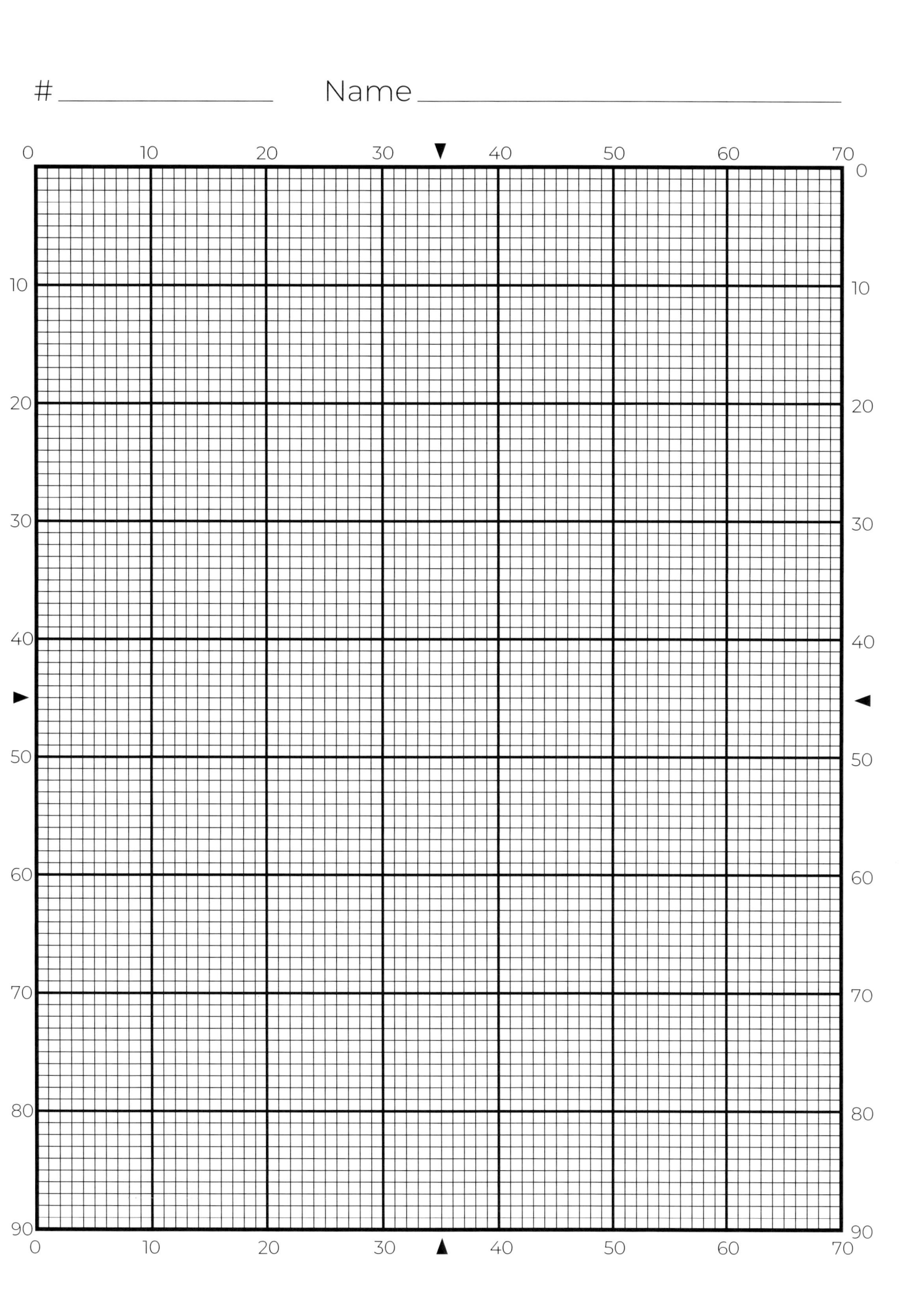

\#_____ Name_____

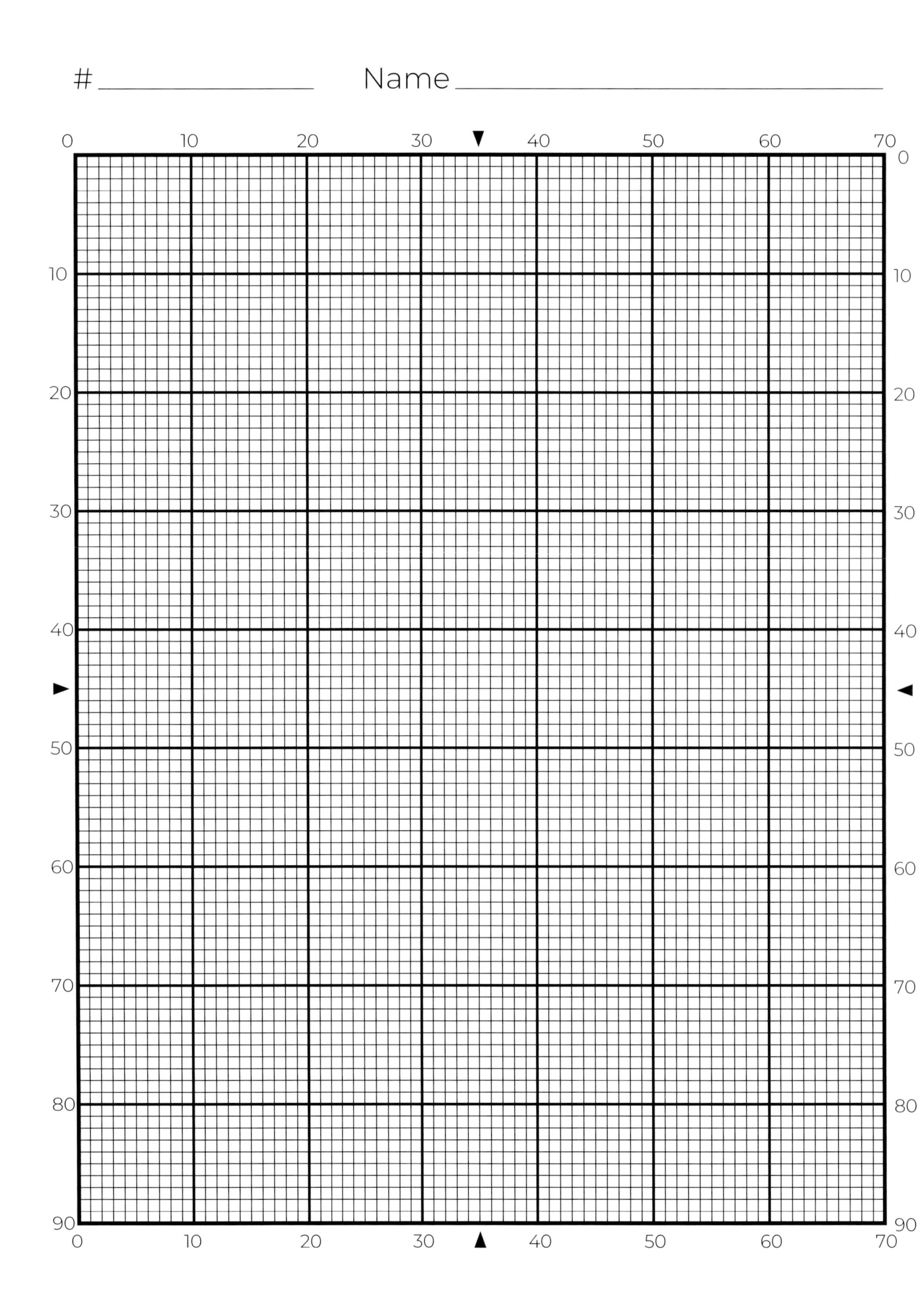

\#_____ Name_____

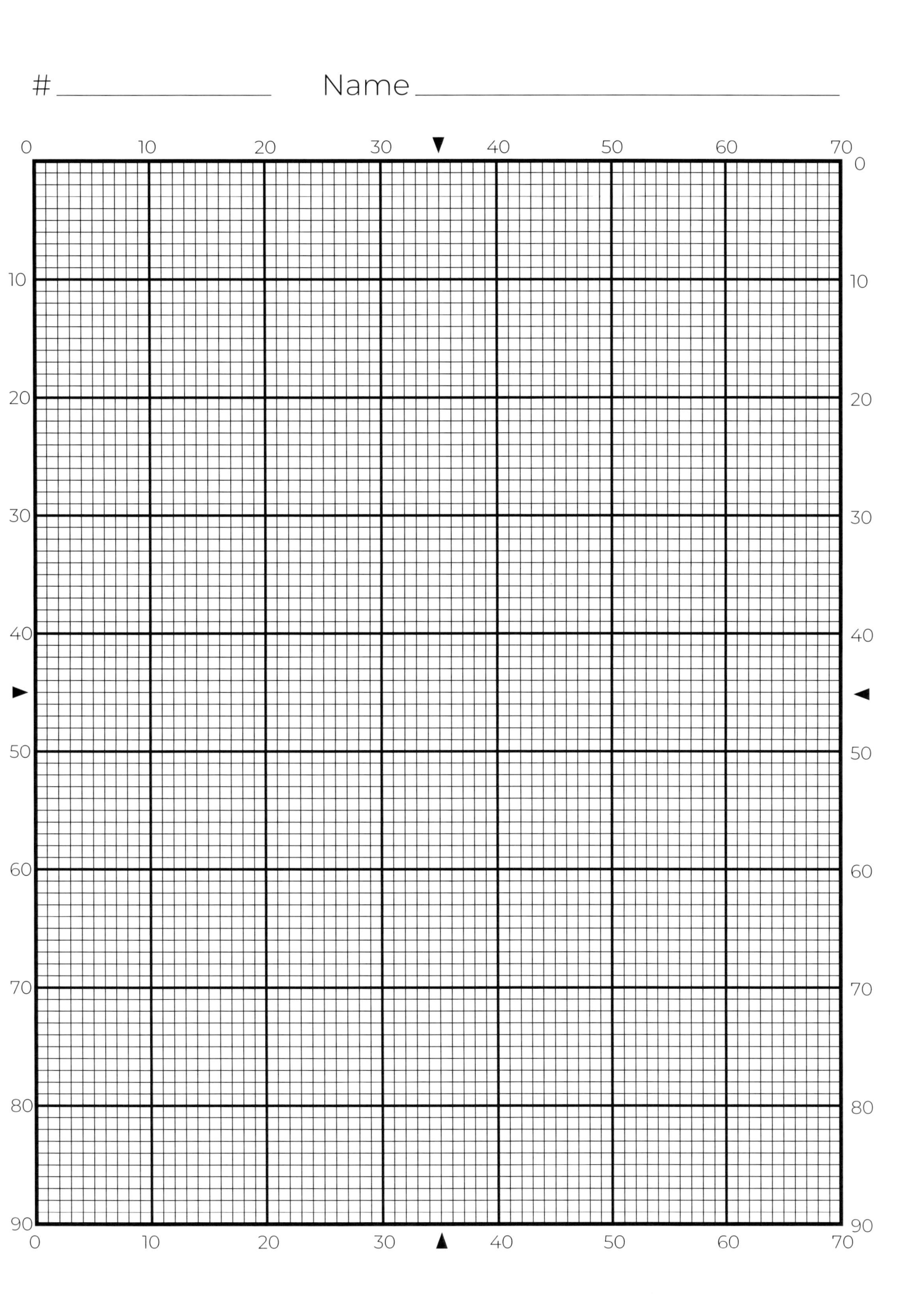

\# _____   Name _____

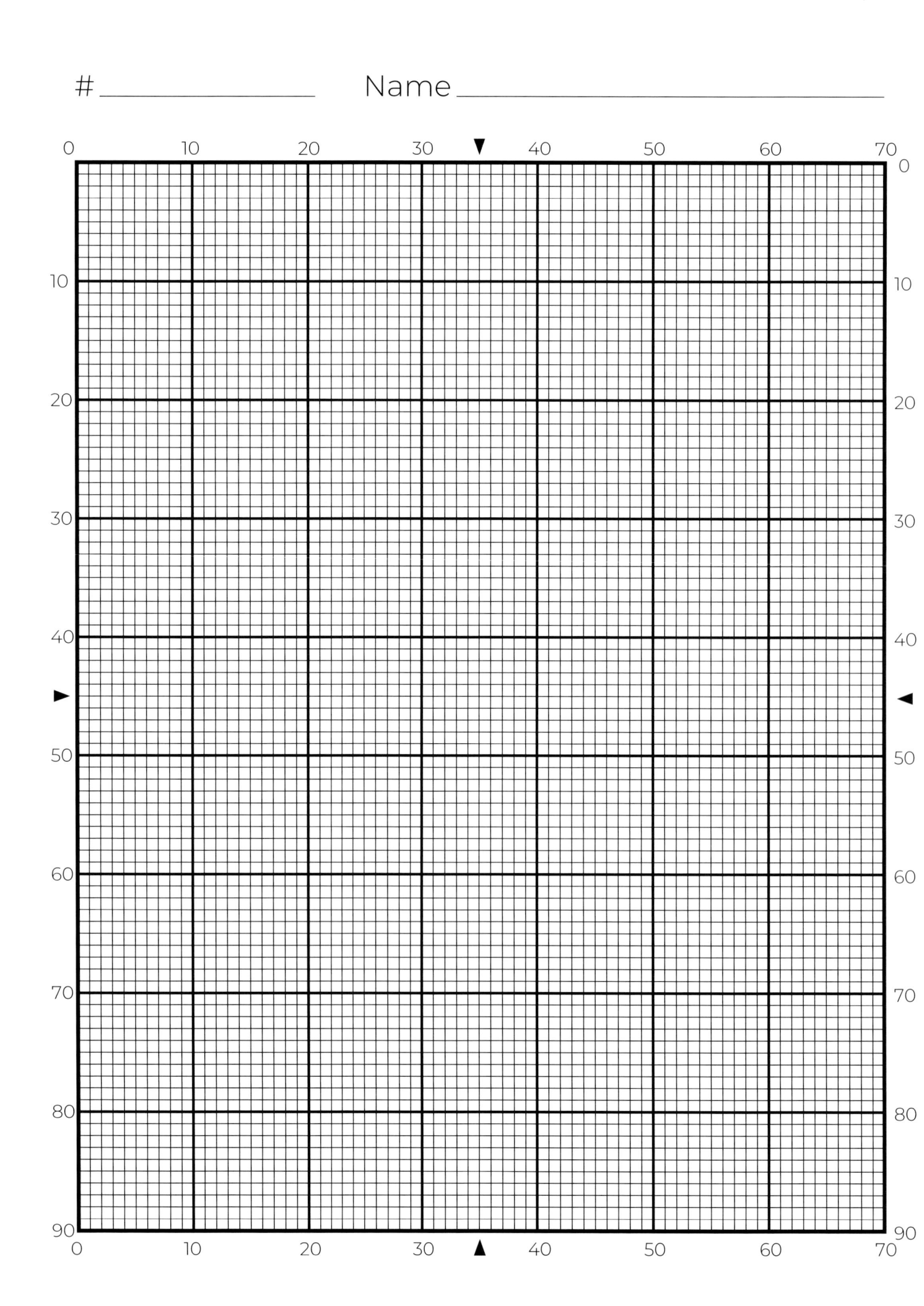

\# _____ Name_____

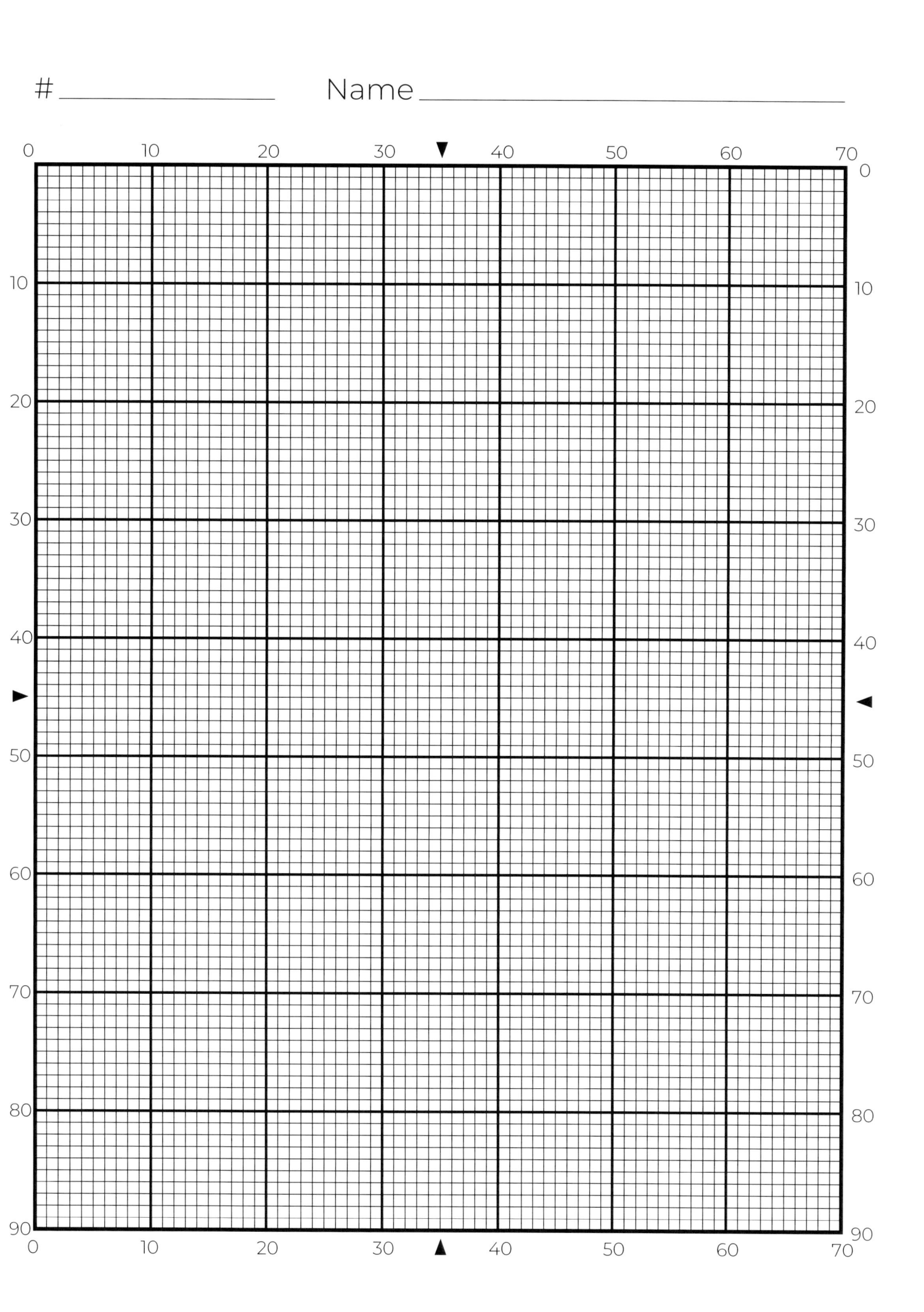

#_____   Name_____

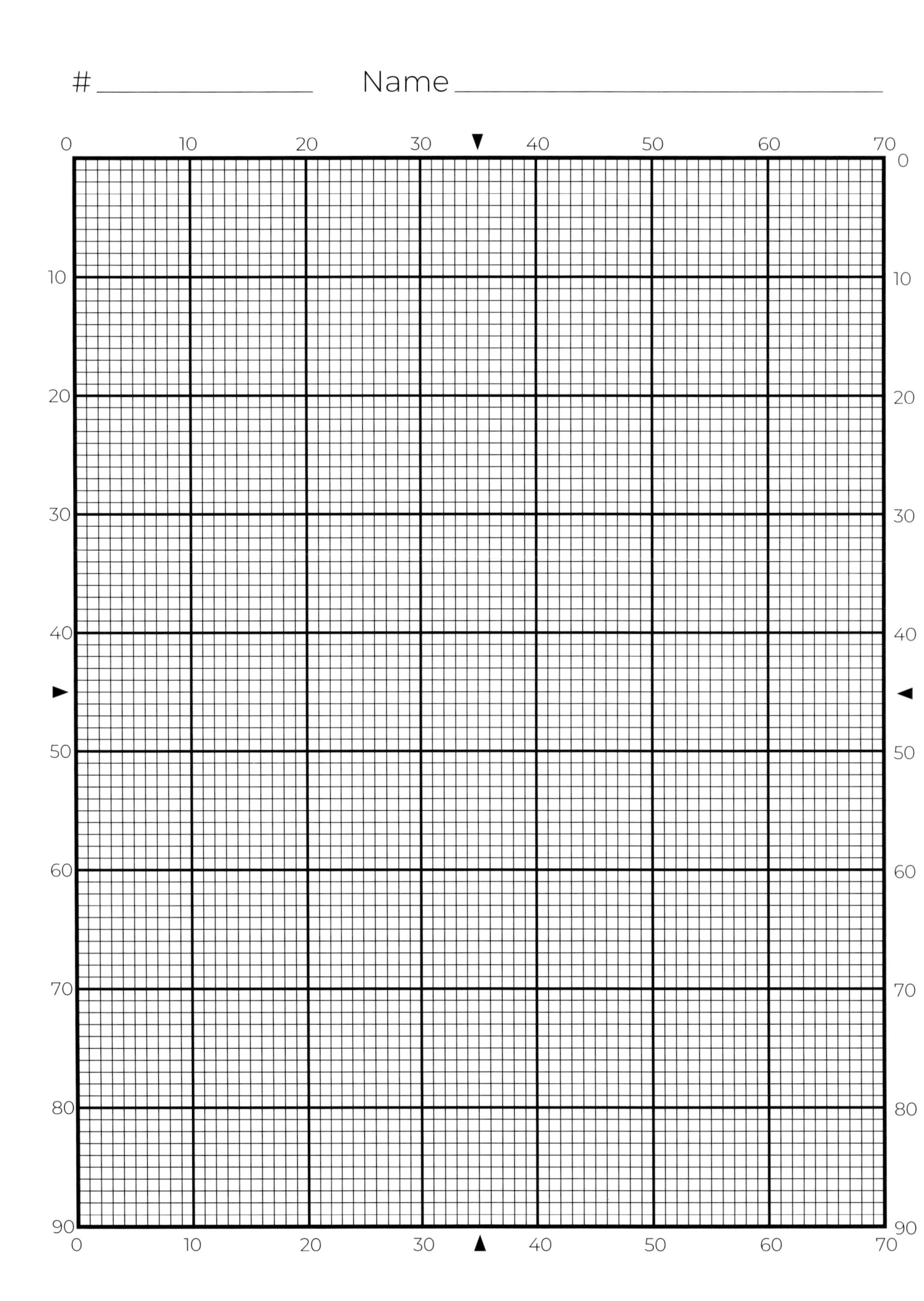

\# _____ Name _____

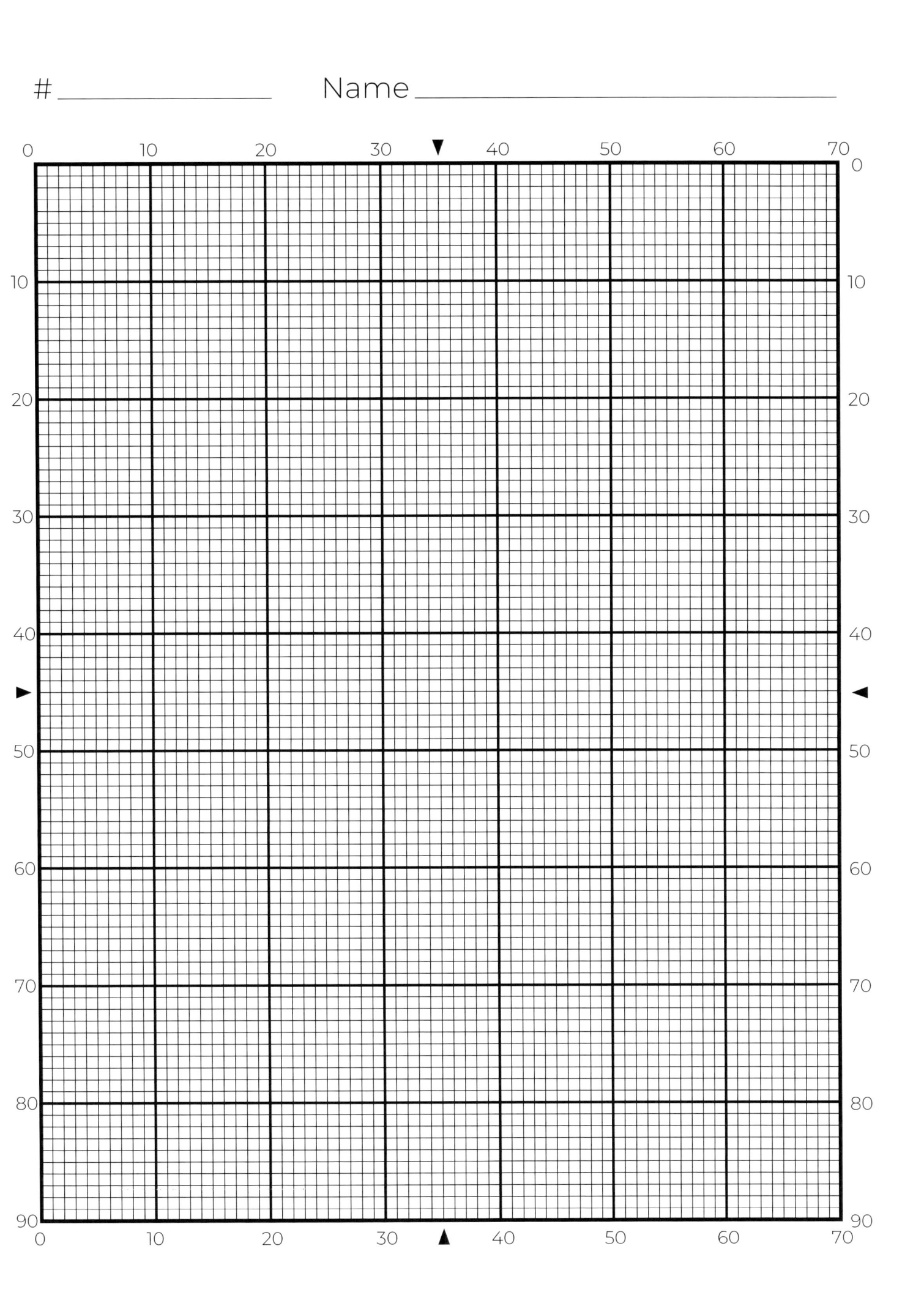

\#_____ Name_____

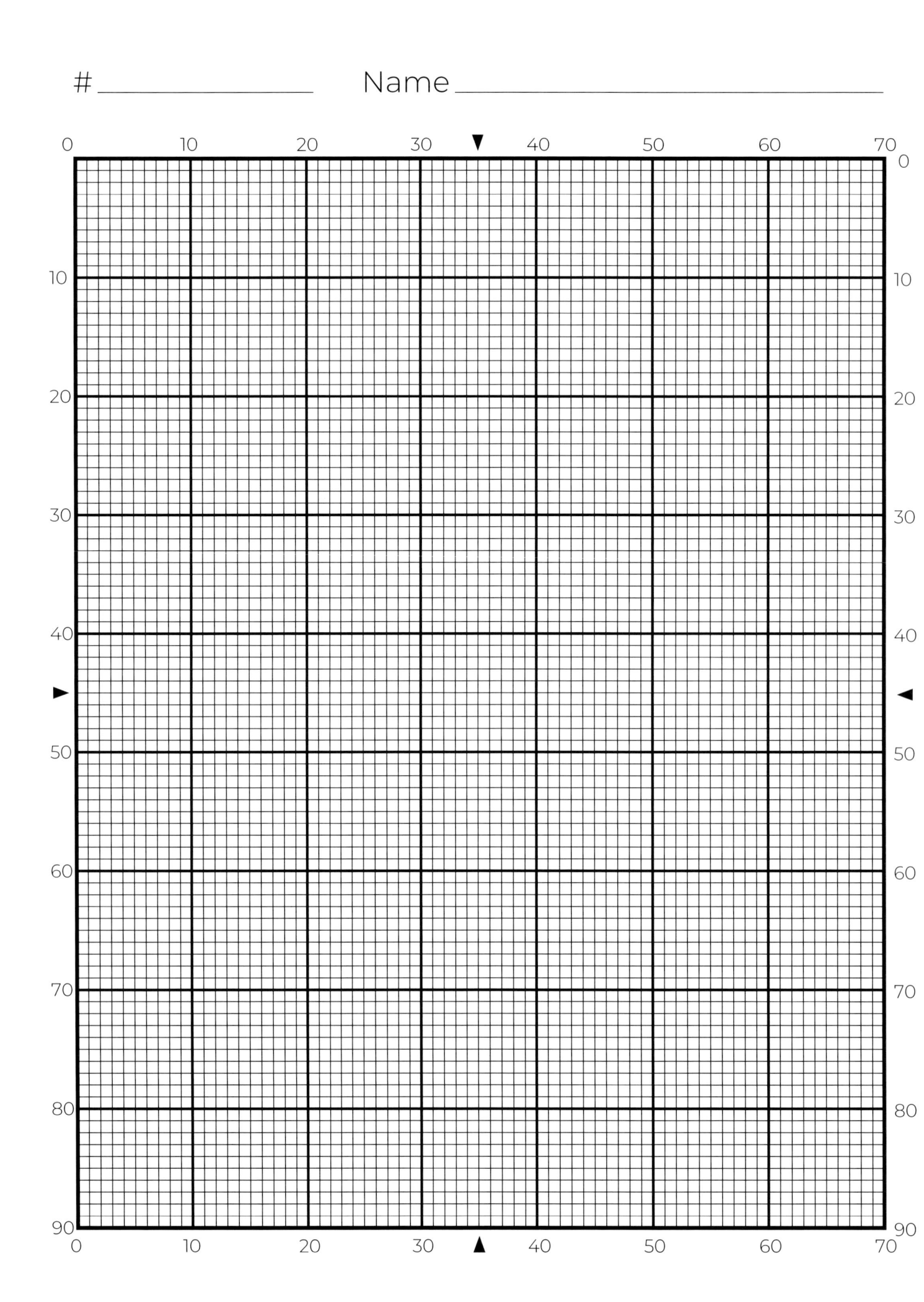

\# _____   Name _____

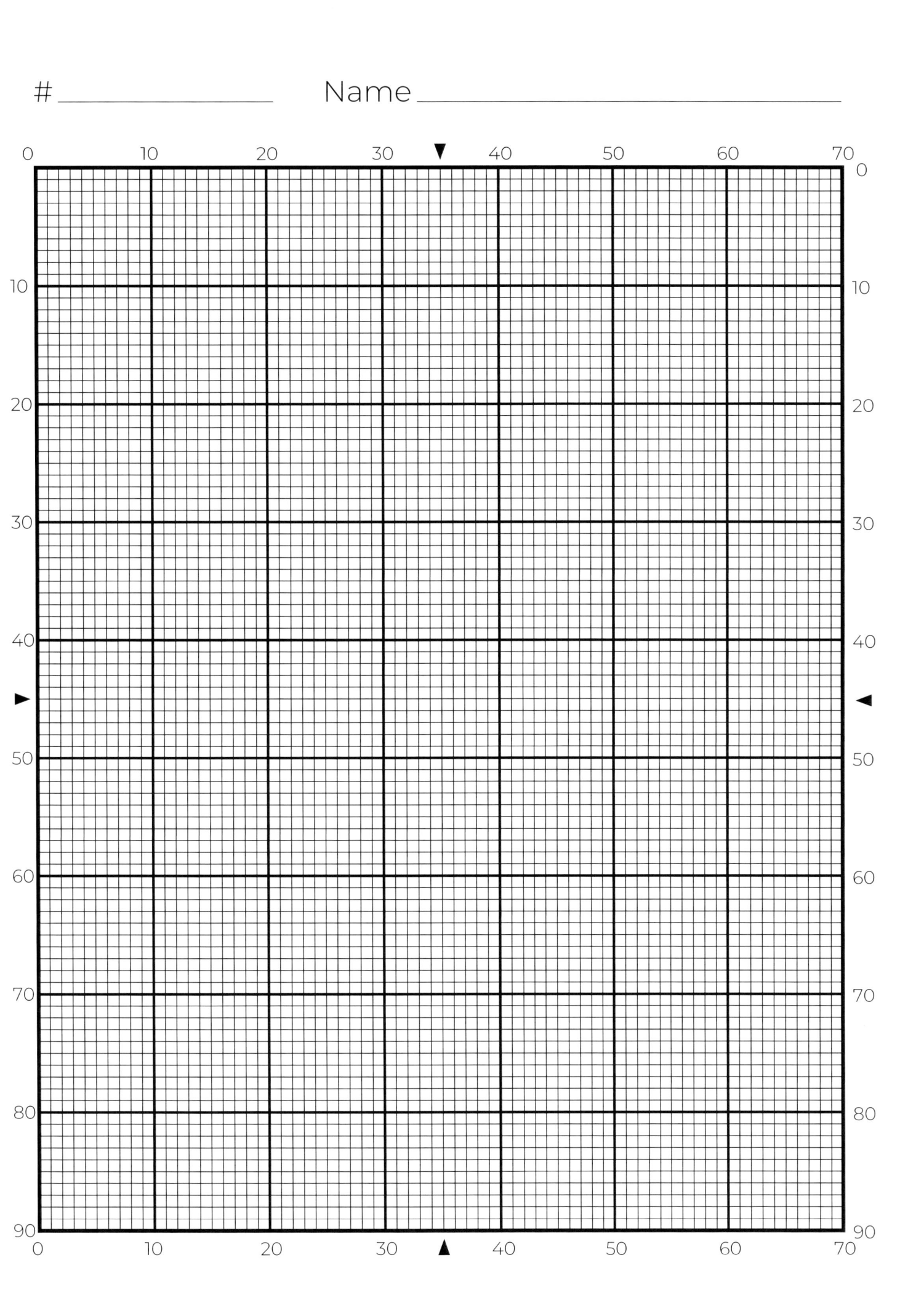

\# _____ Name_____

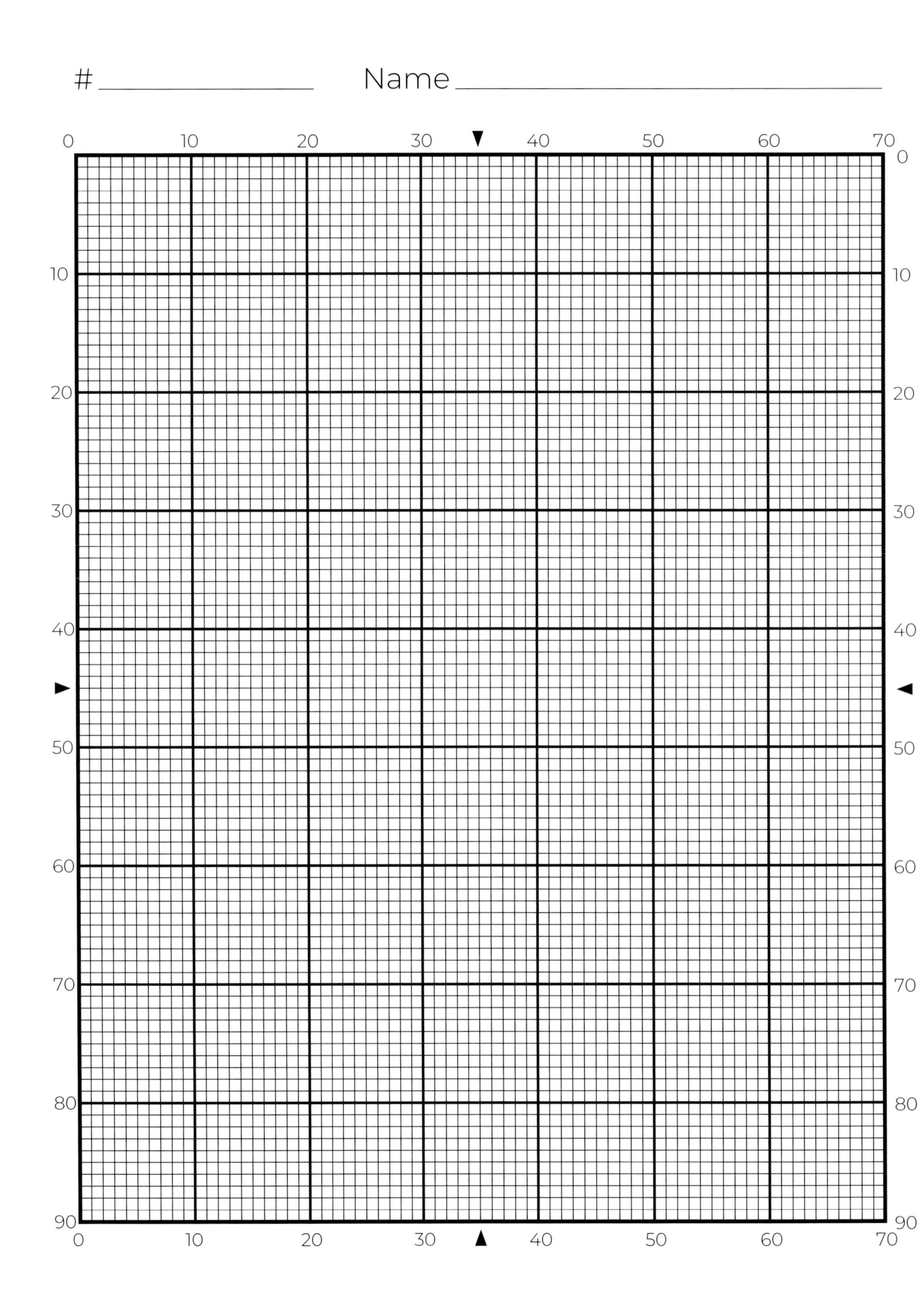

\#_____   Name_____

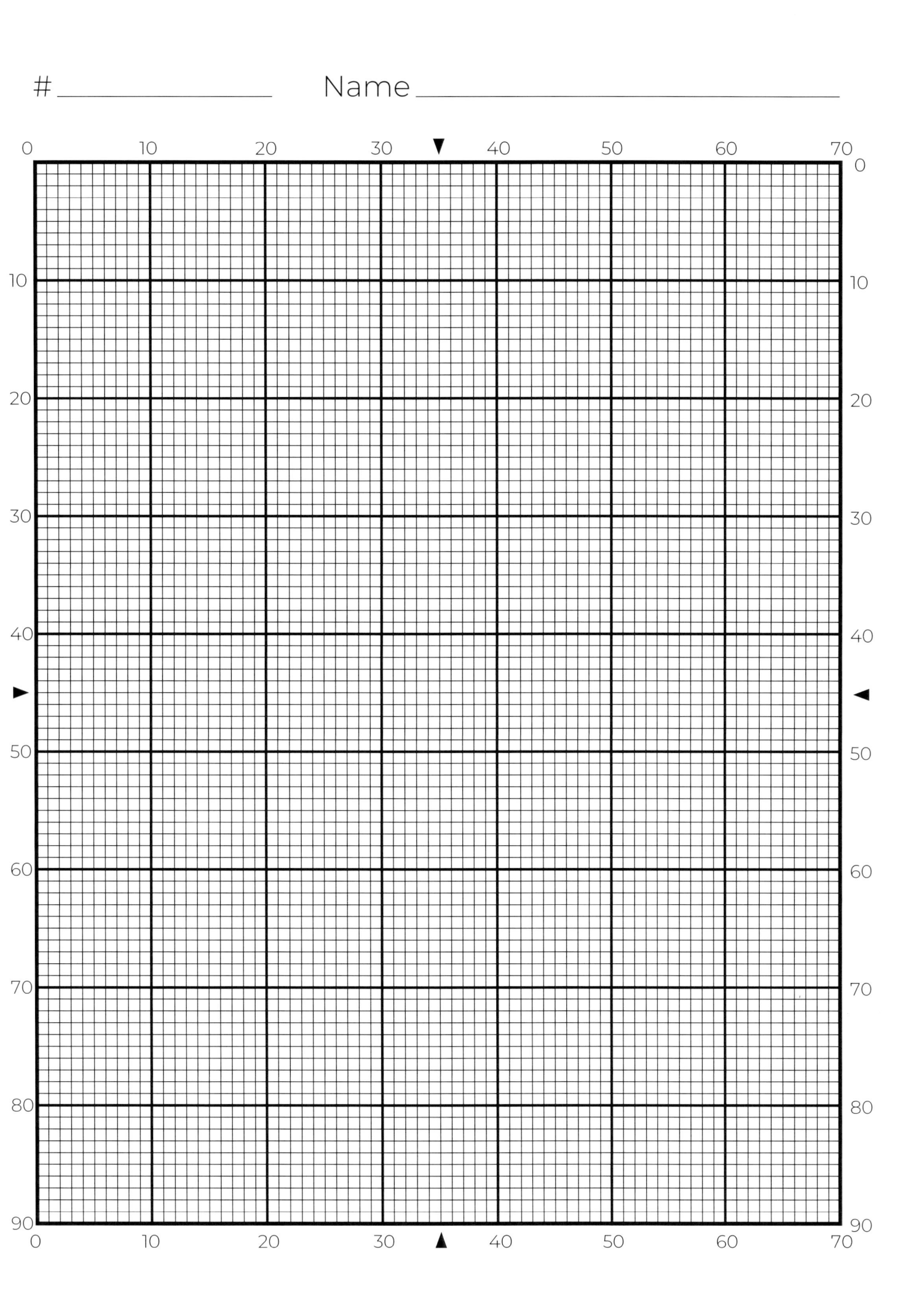

\# _____ Name _____

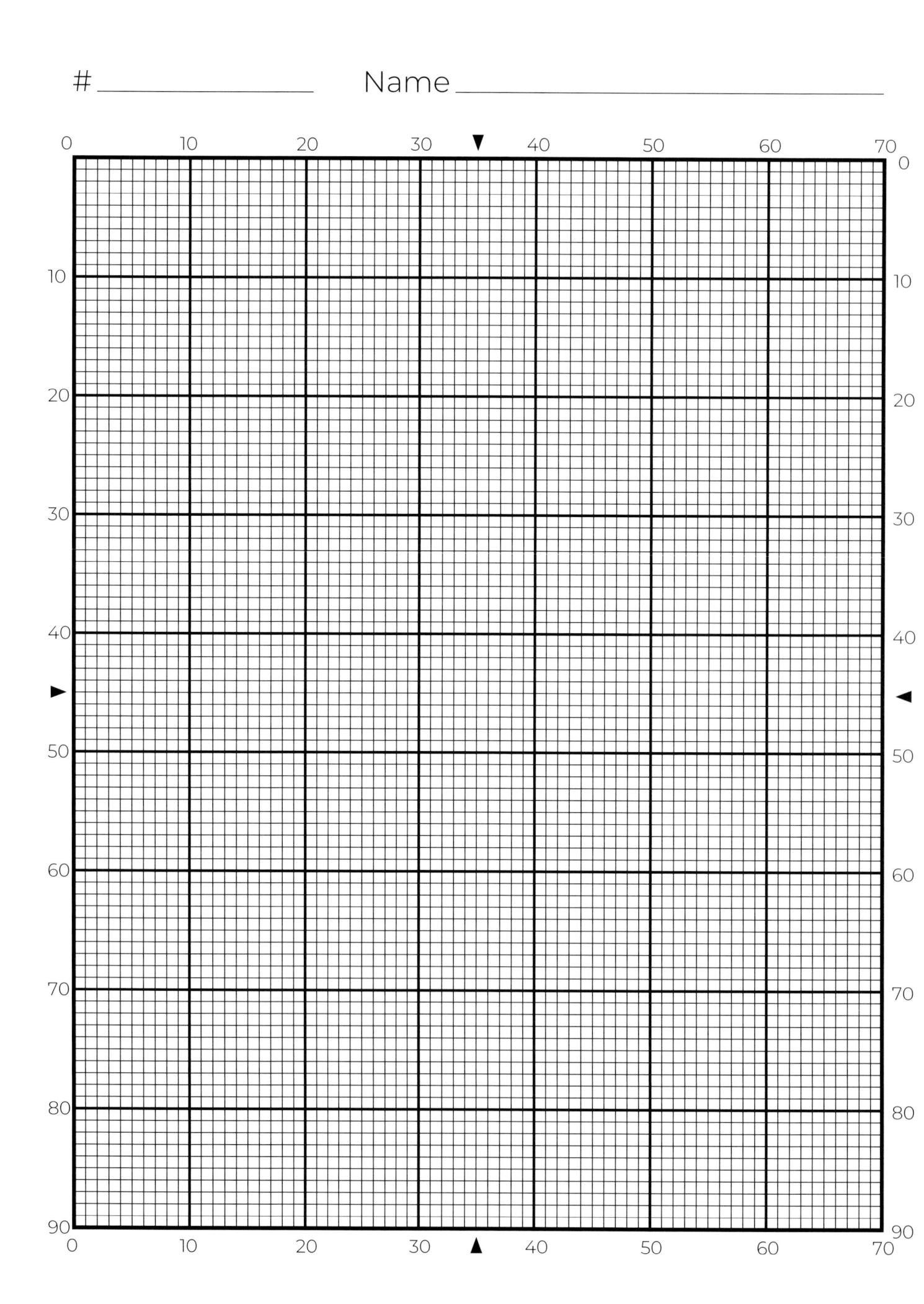

\#_____   Name_____

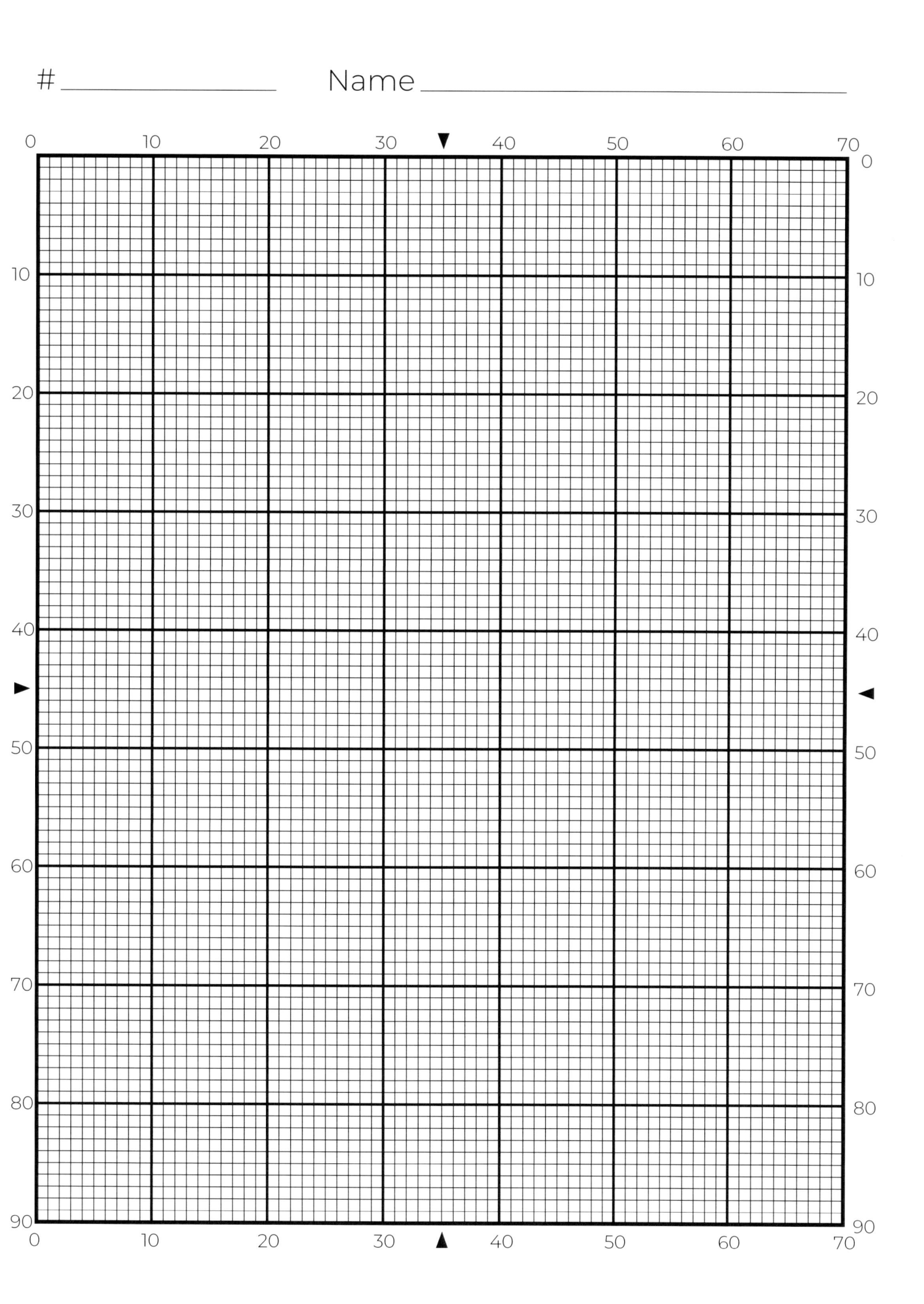

\#_____   Name_____

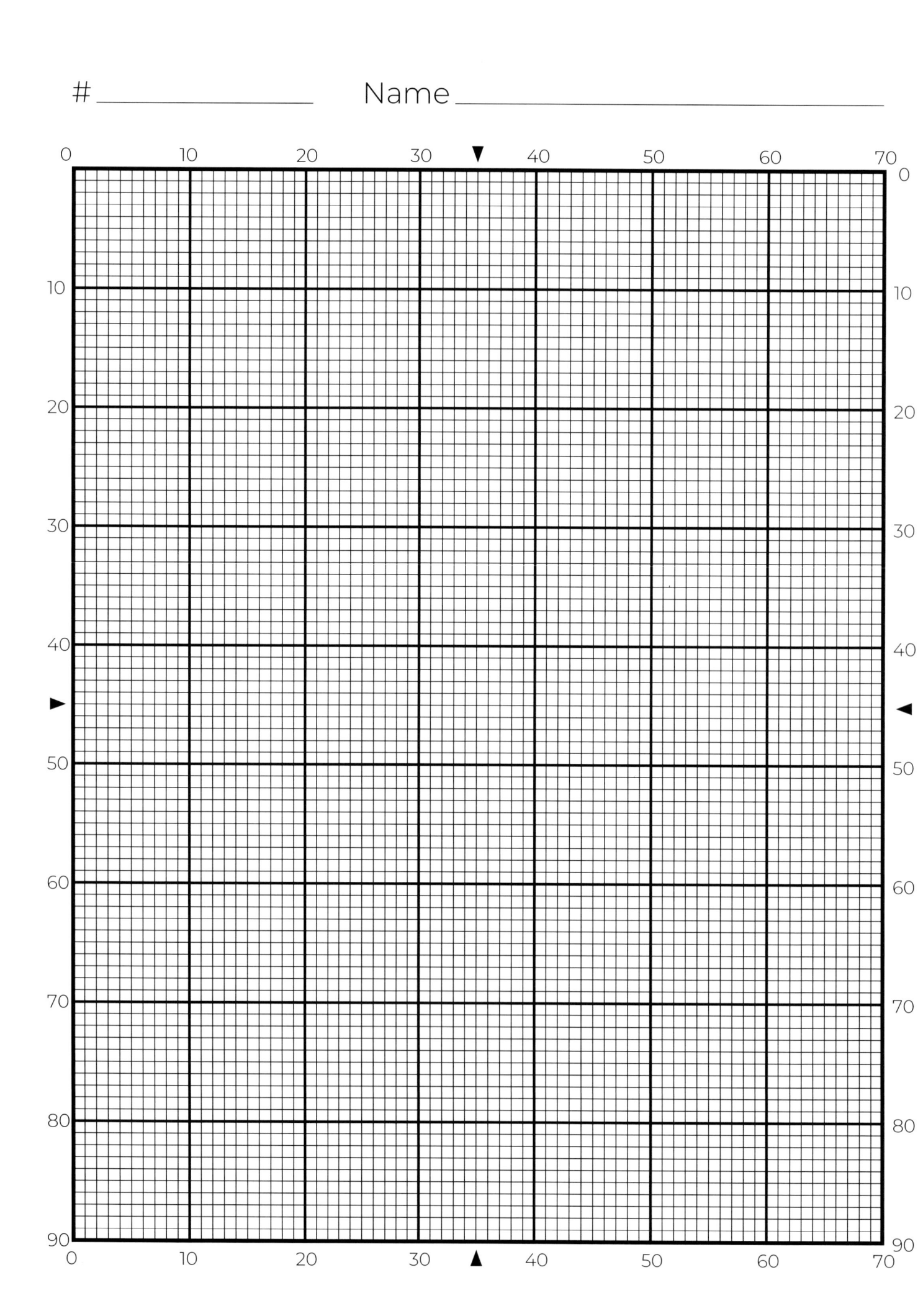

\#_____   Name_____

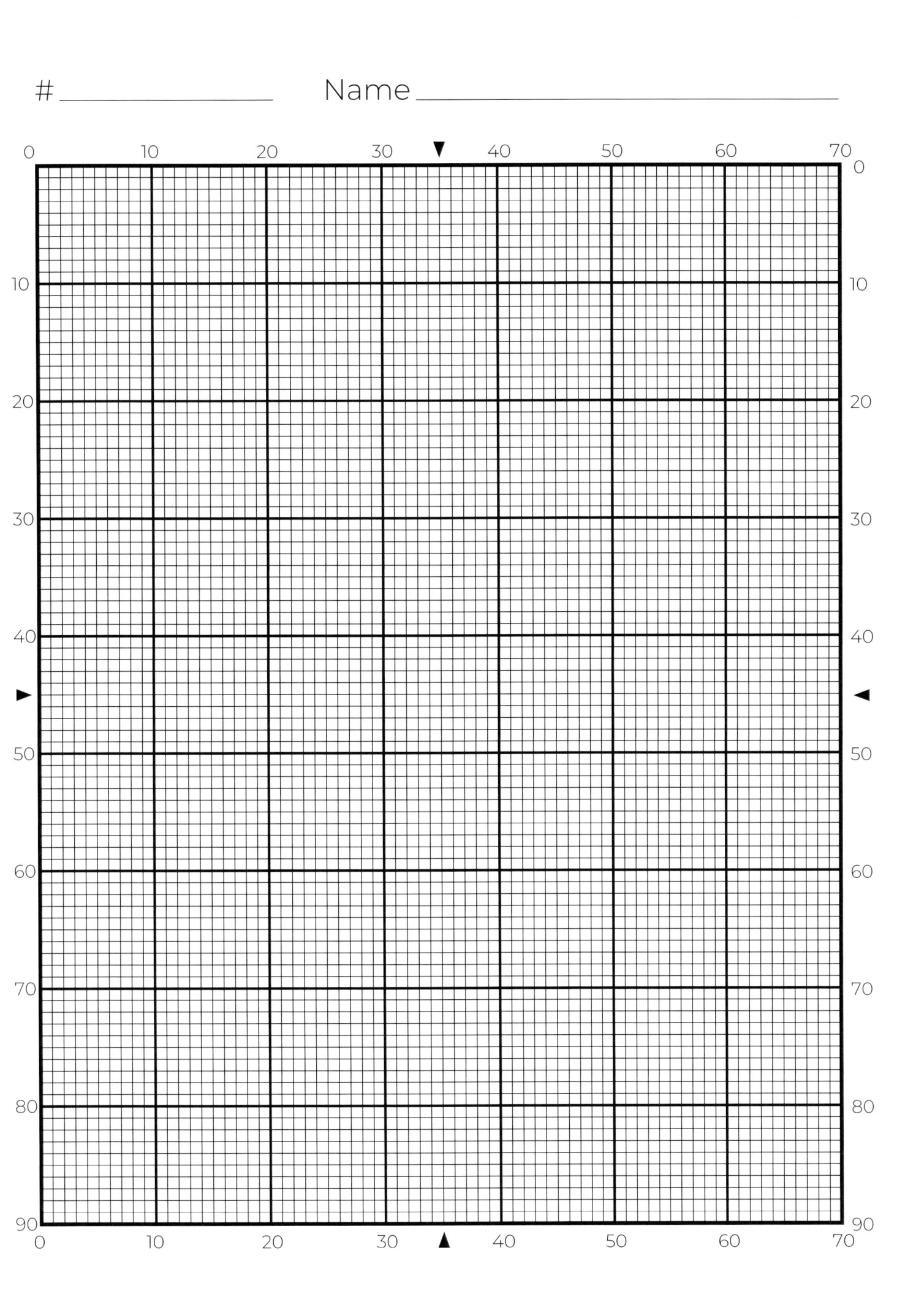

\#_____ Name_____

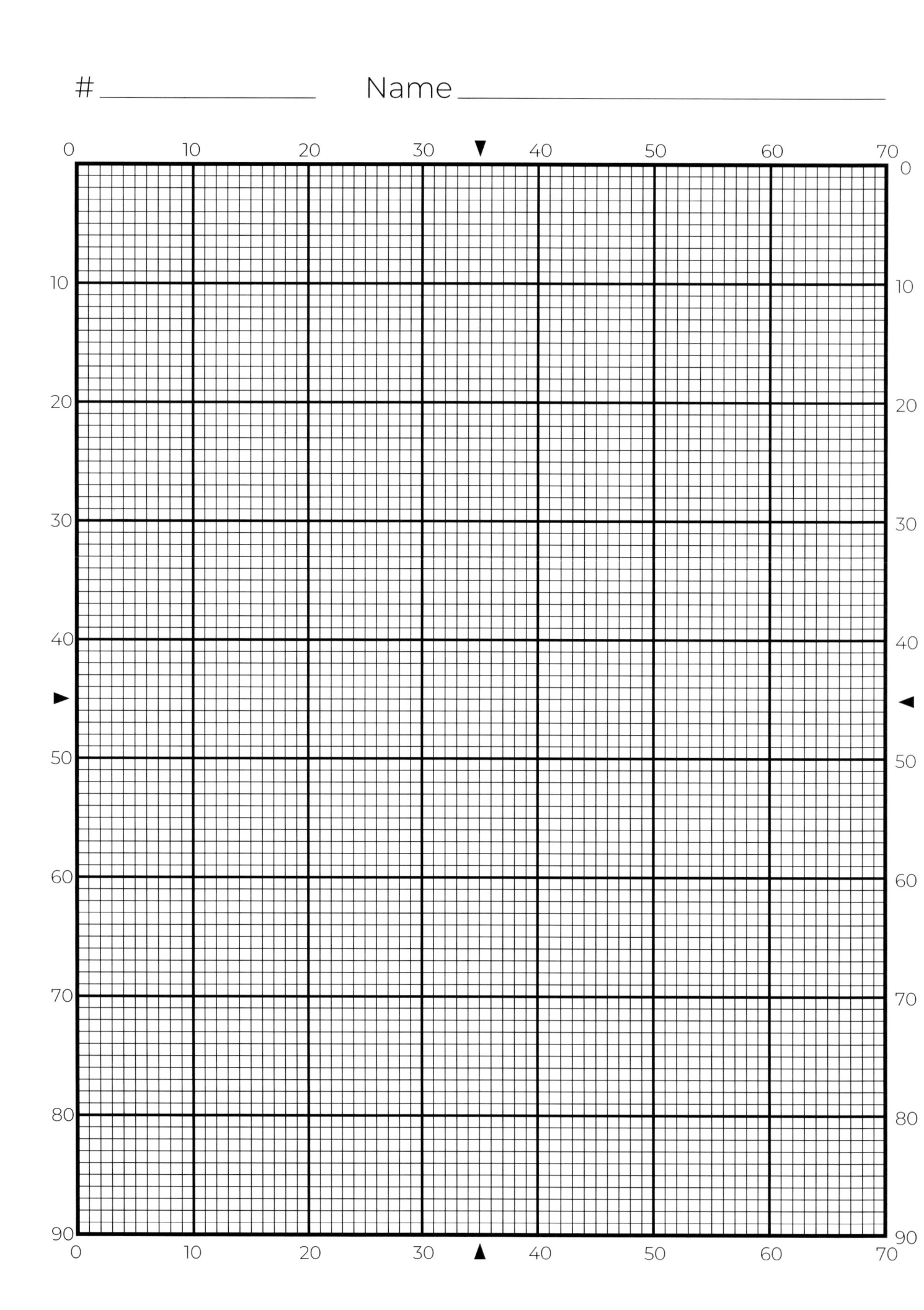

\# _____ Name_____

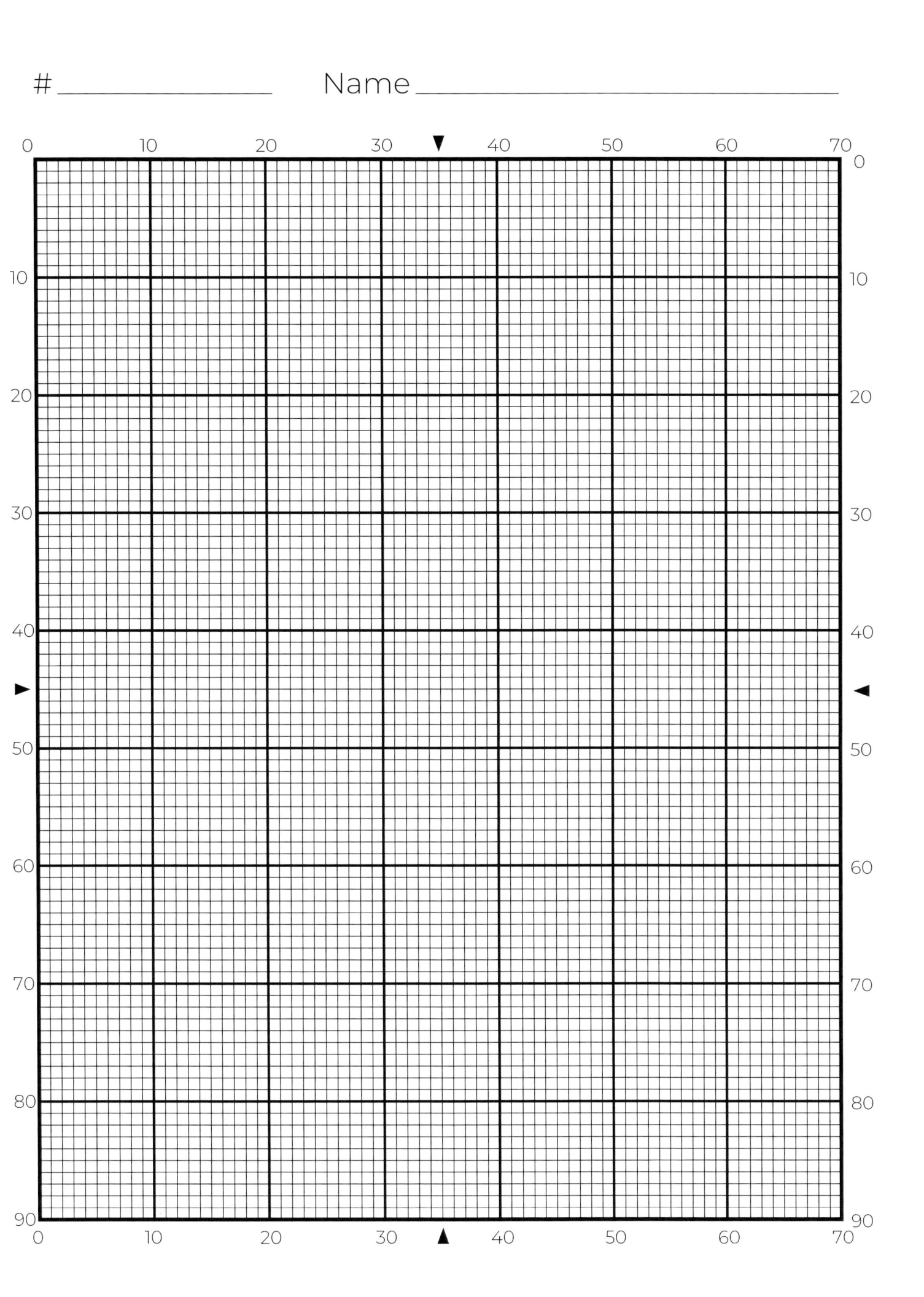

\# _____   Name_____

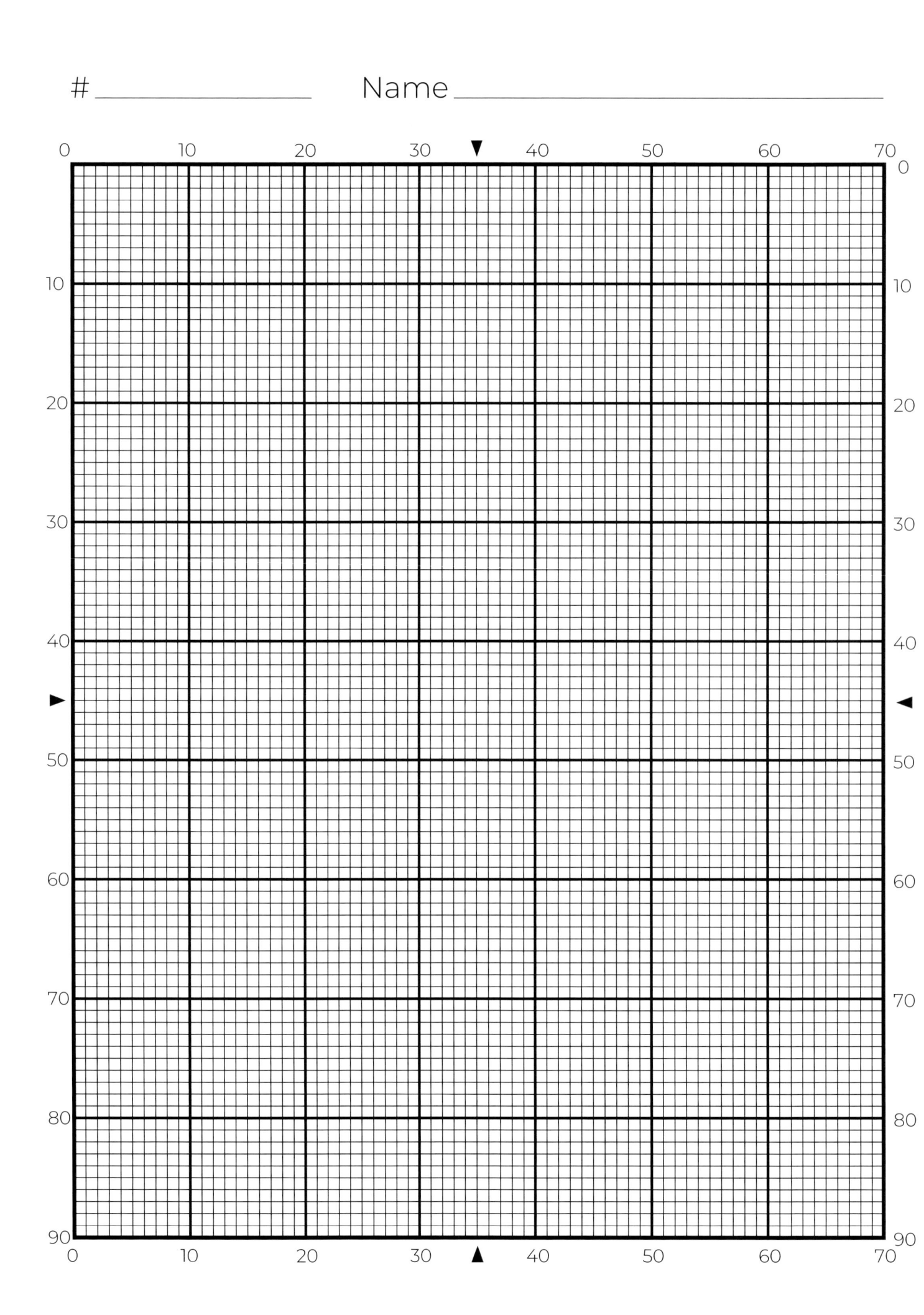

#_____ Name_____

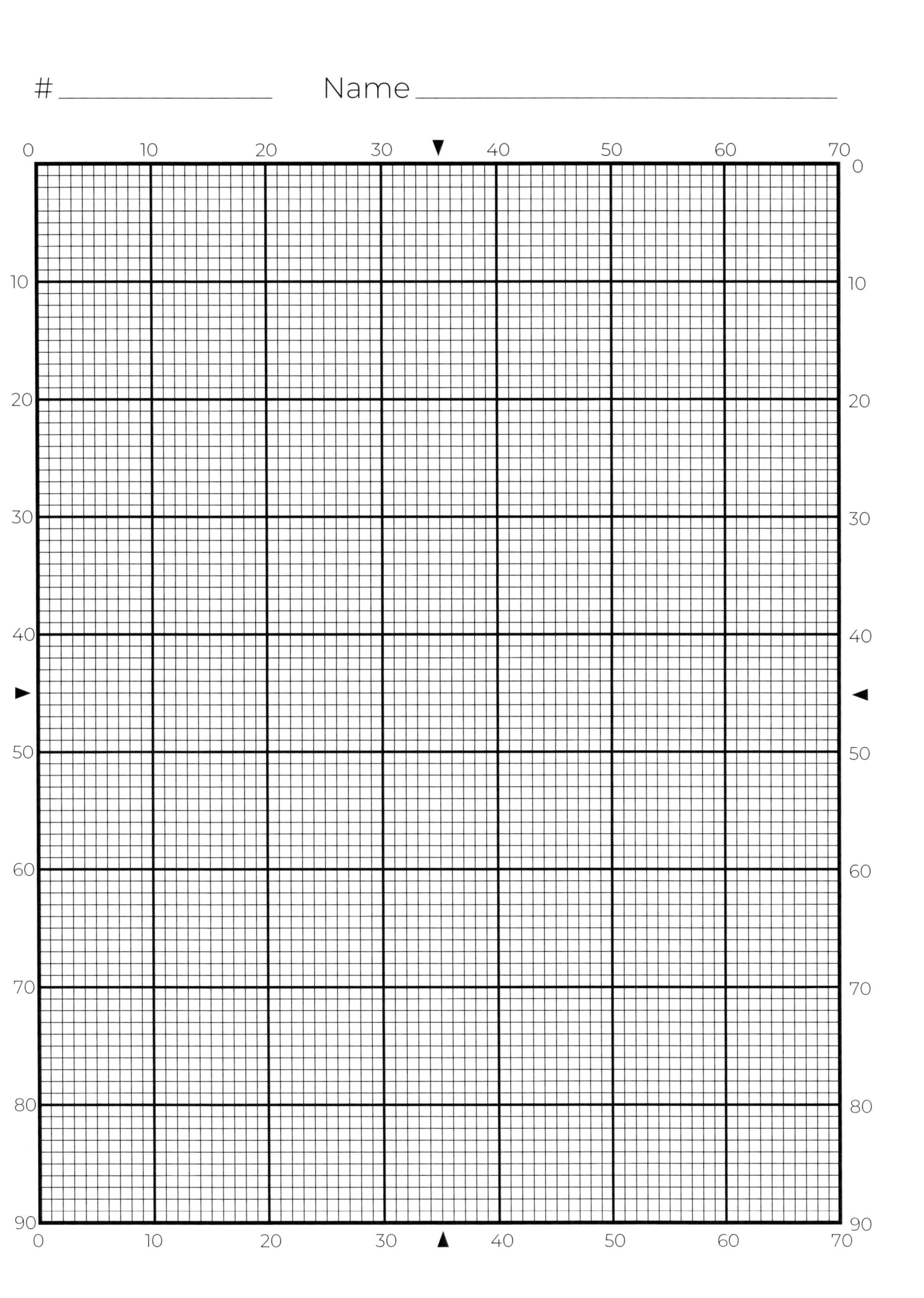

\#_____ Name_____

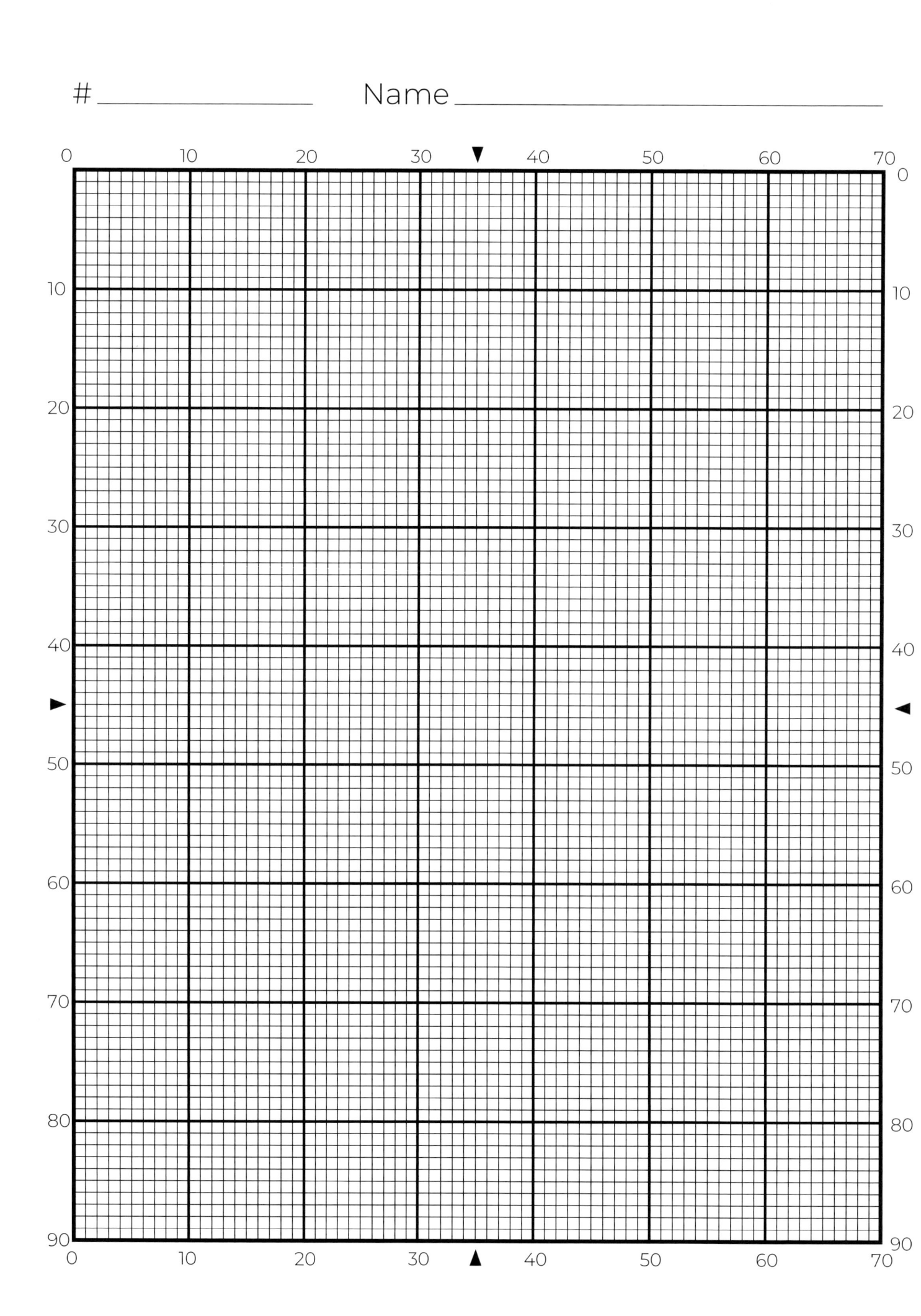

\#_____ Name_____

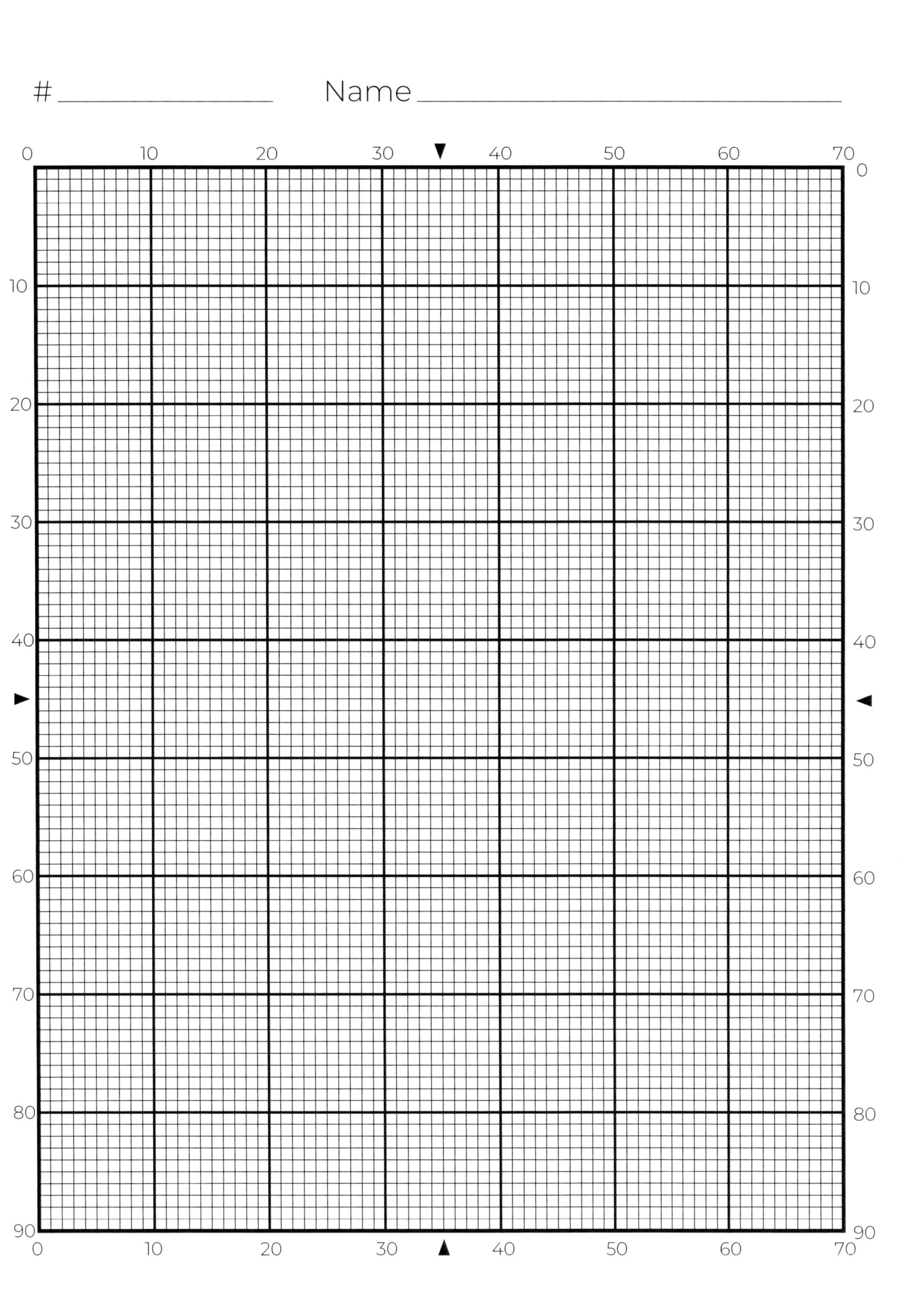

\# _____   Name_____

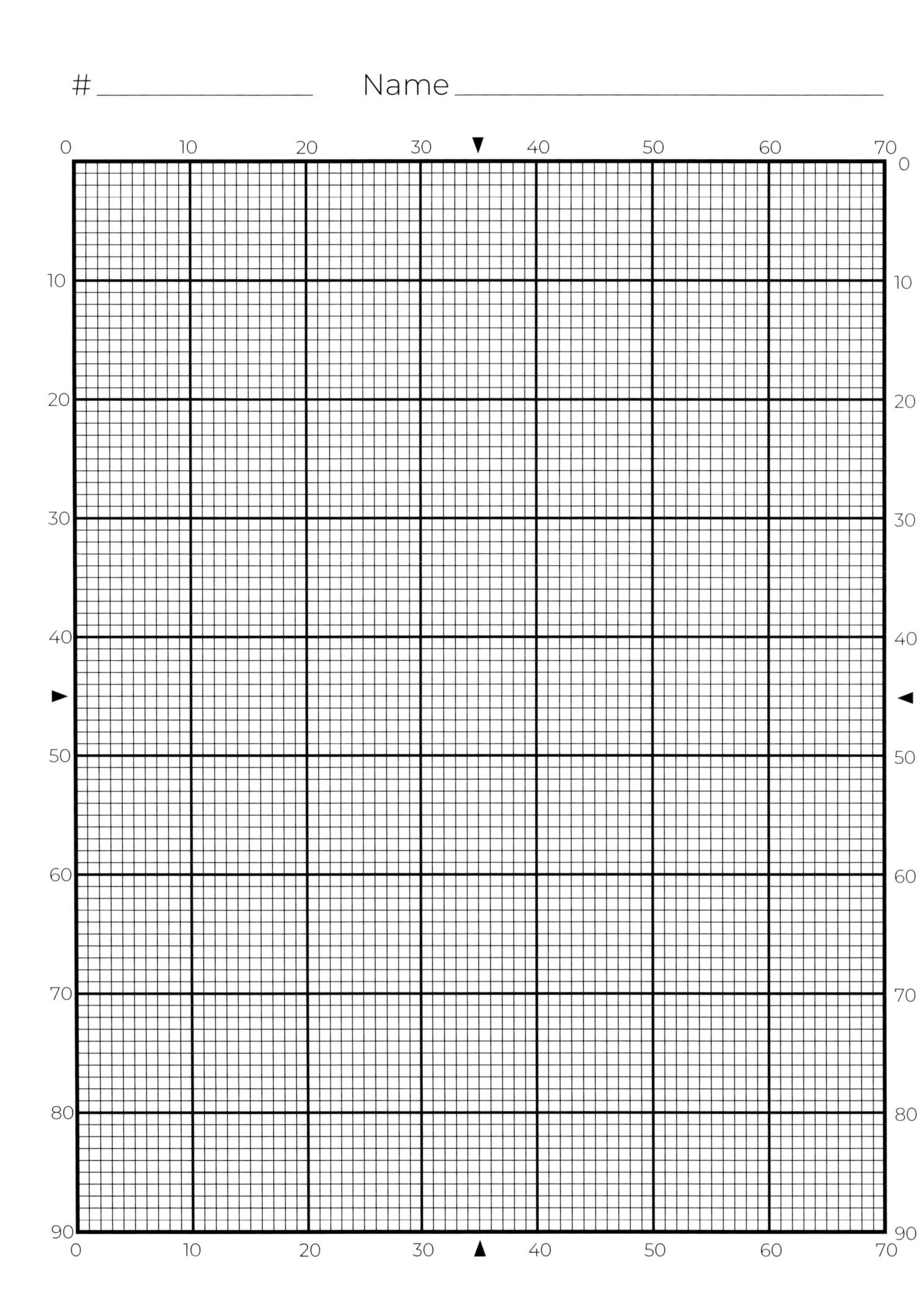

\#_____ Name_____

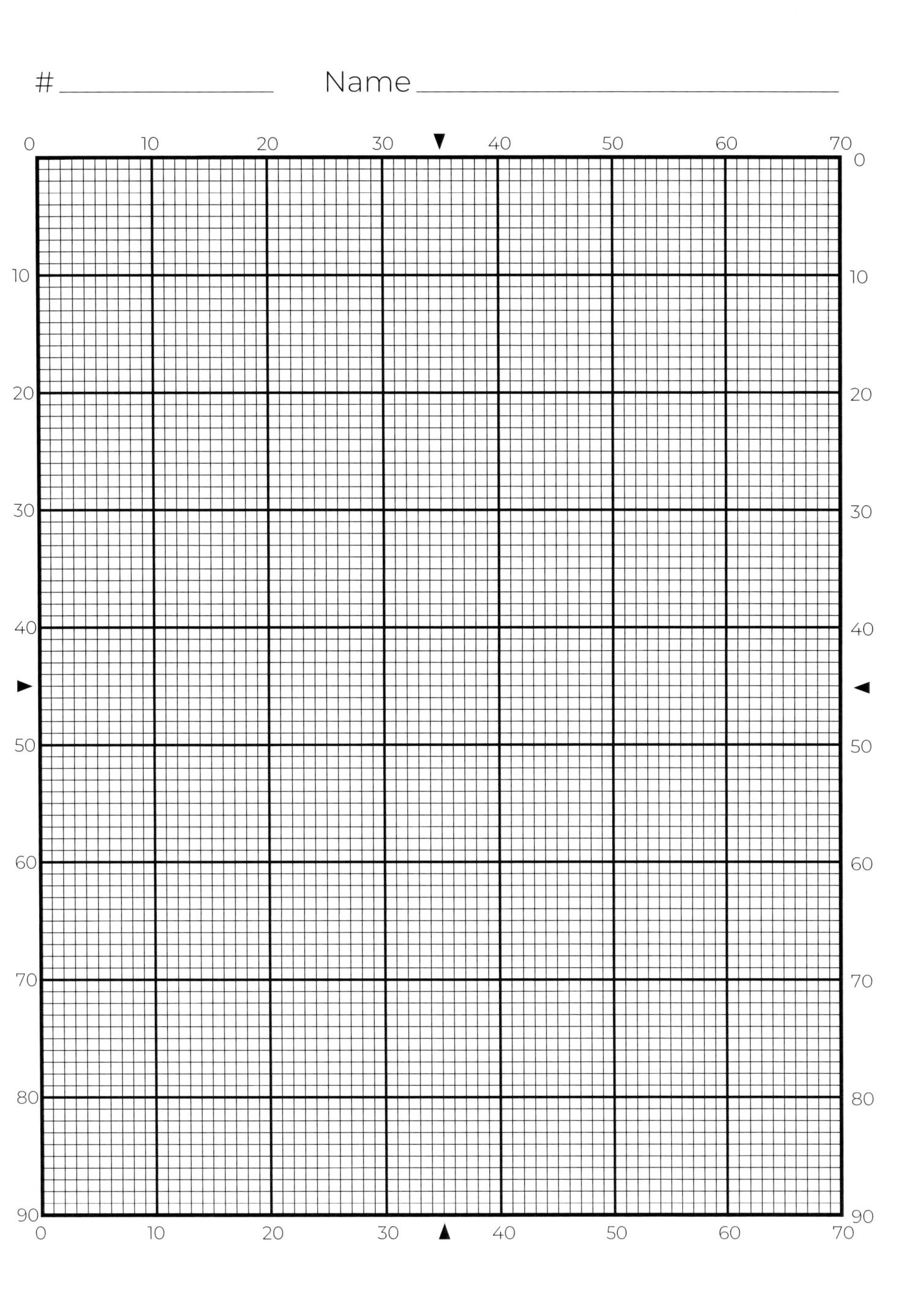

#_____   Name_____

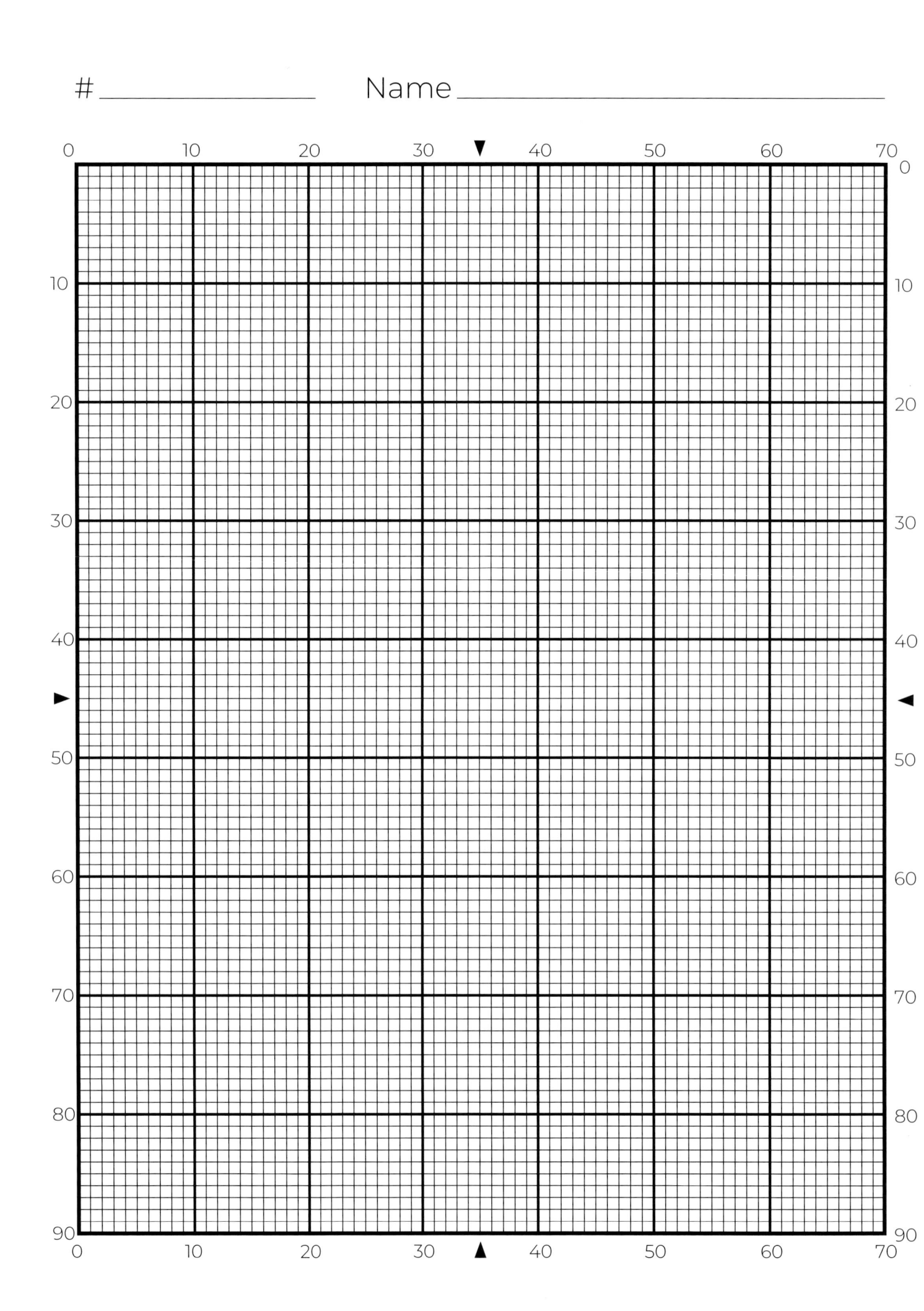

\#_____ Name_____

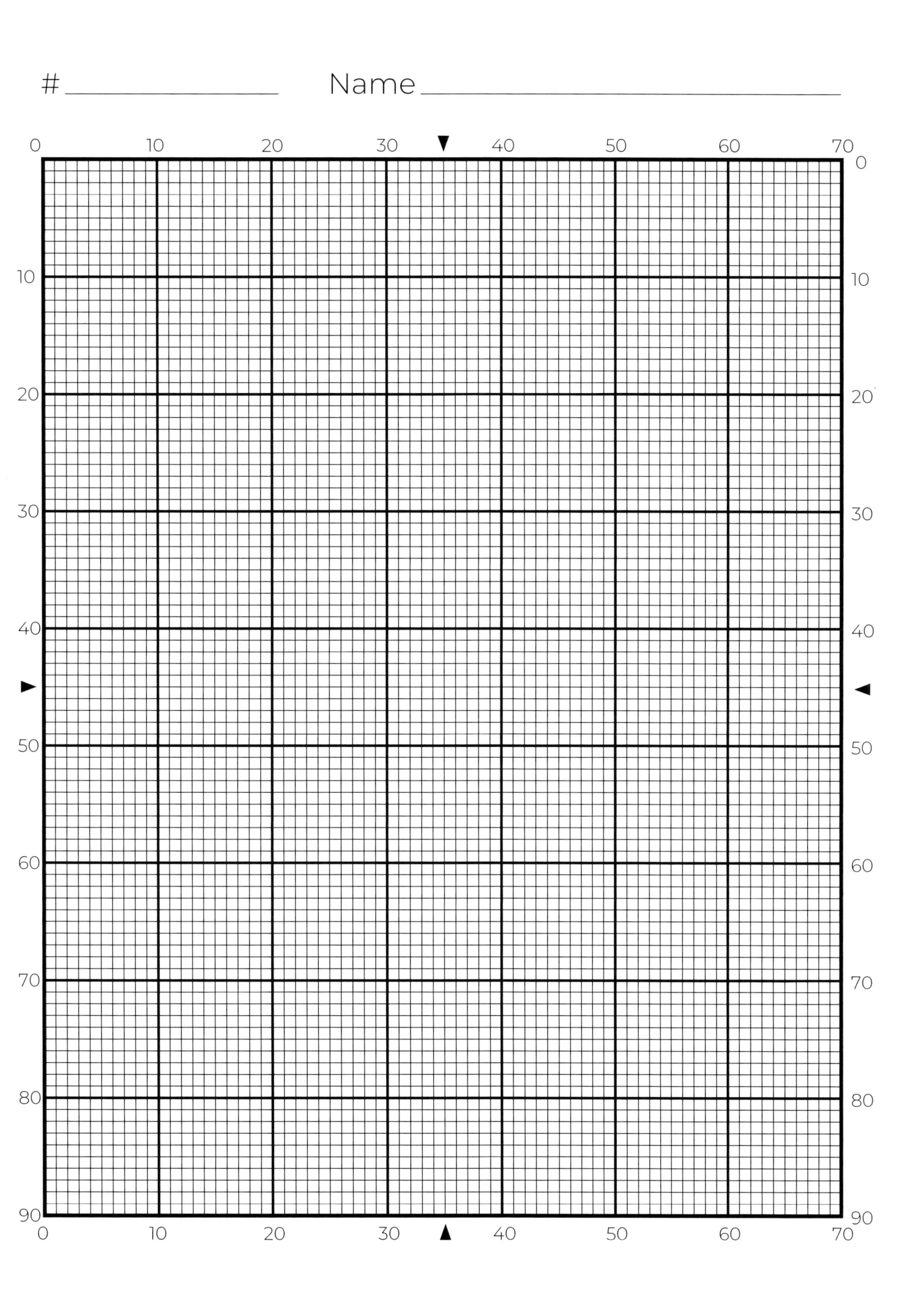

\#_____ Name_____

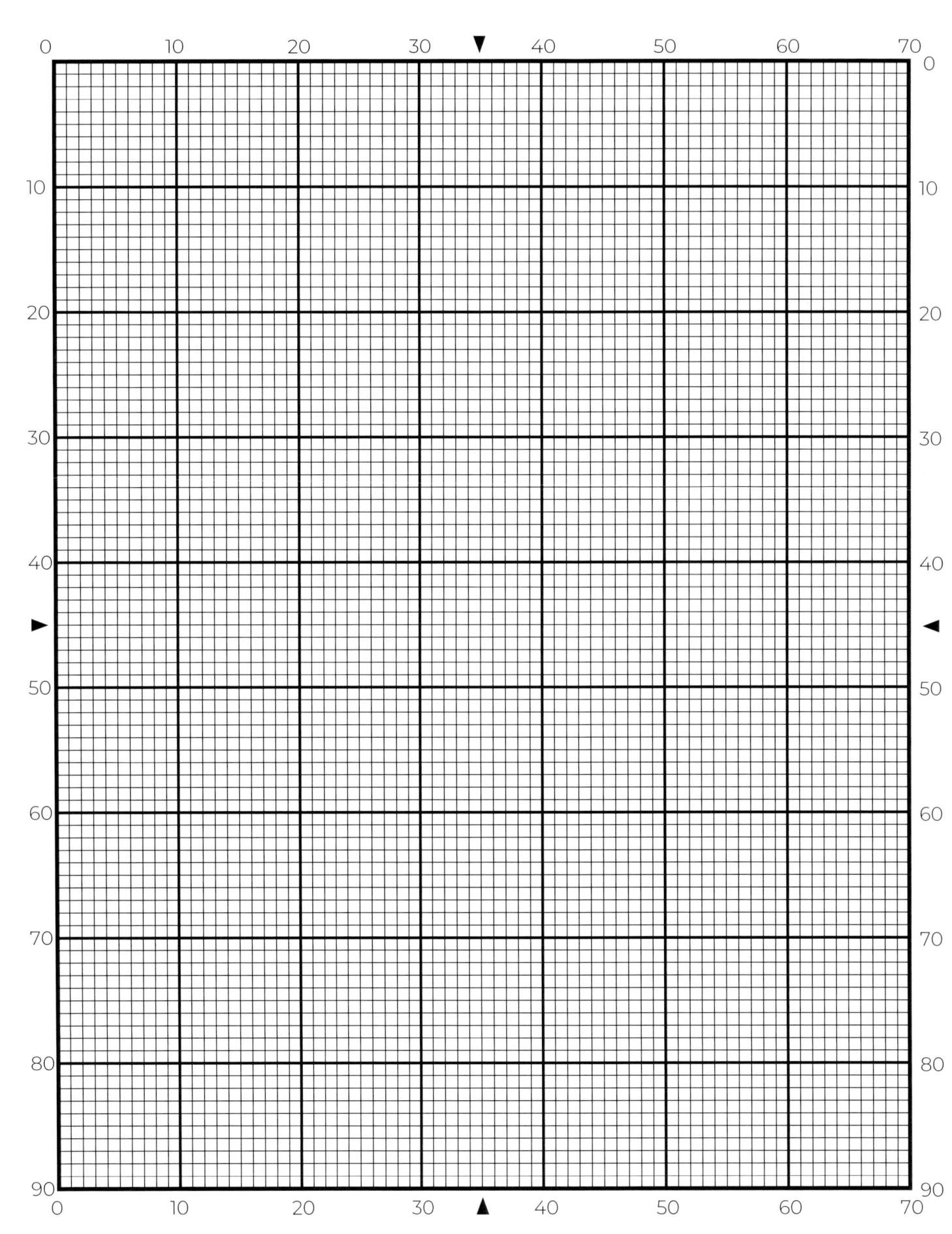

\#_____ Name_____

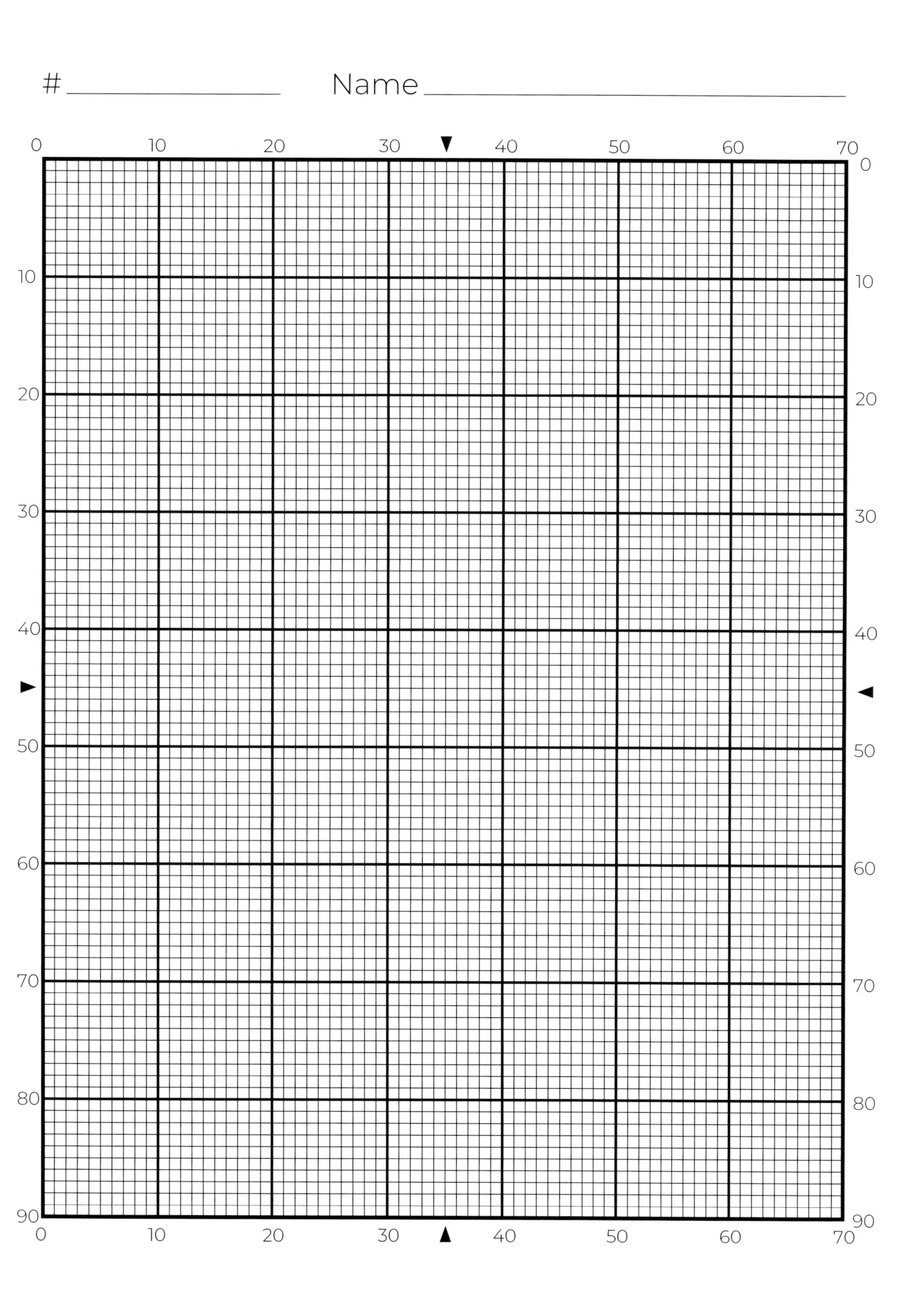

\# _____   Name_____

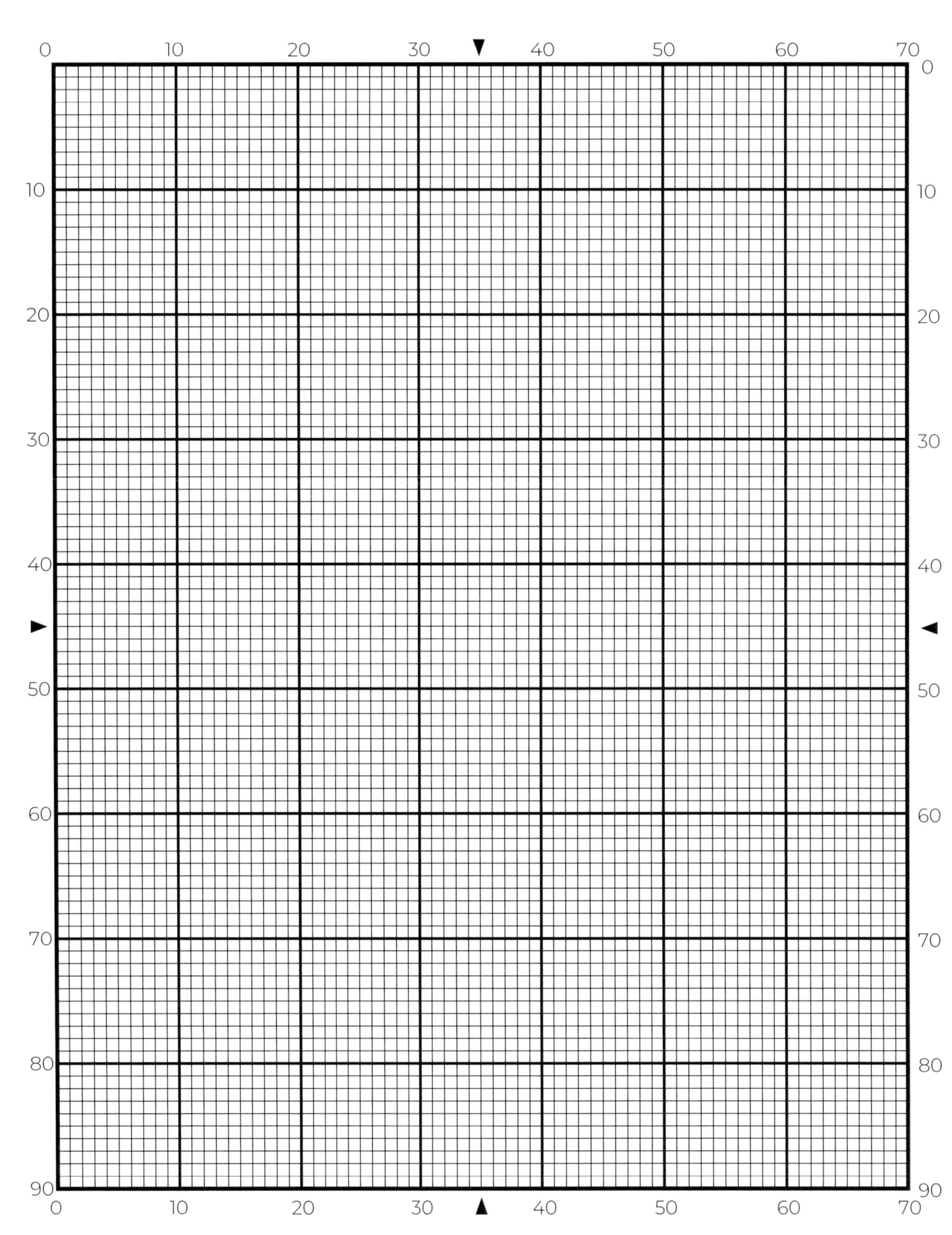

\#_____ Name_____

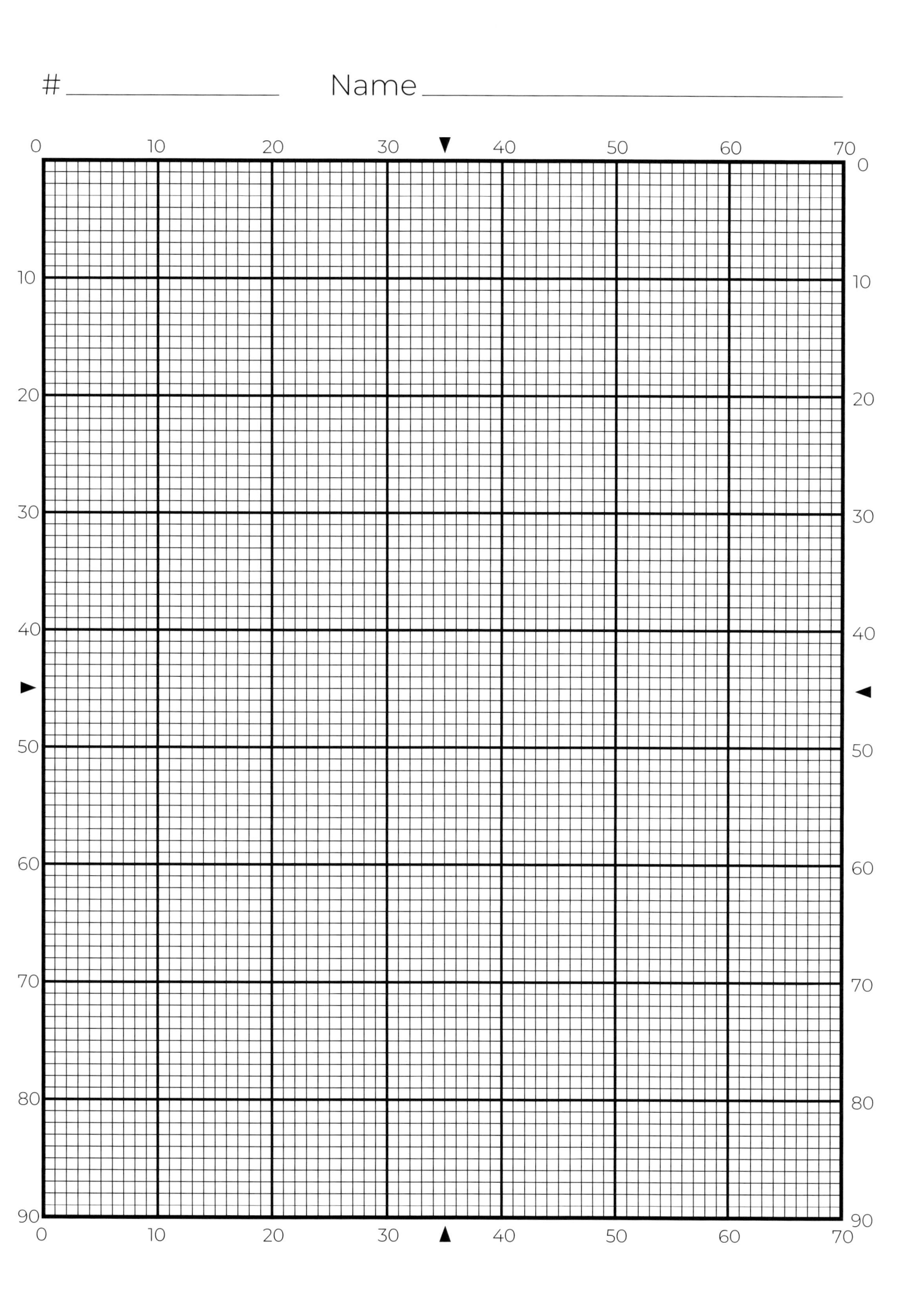

\# _____ Name _____

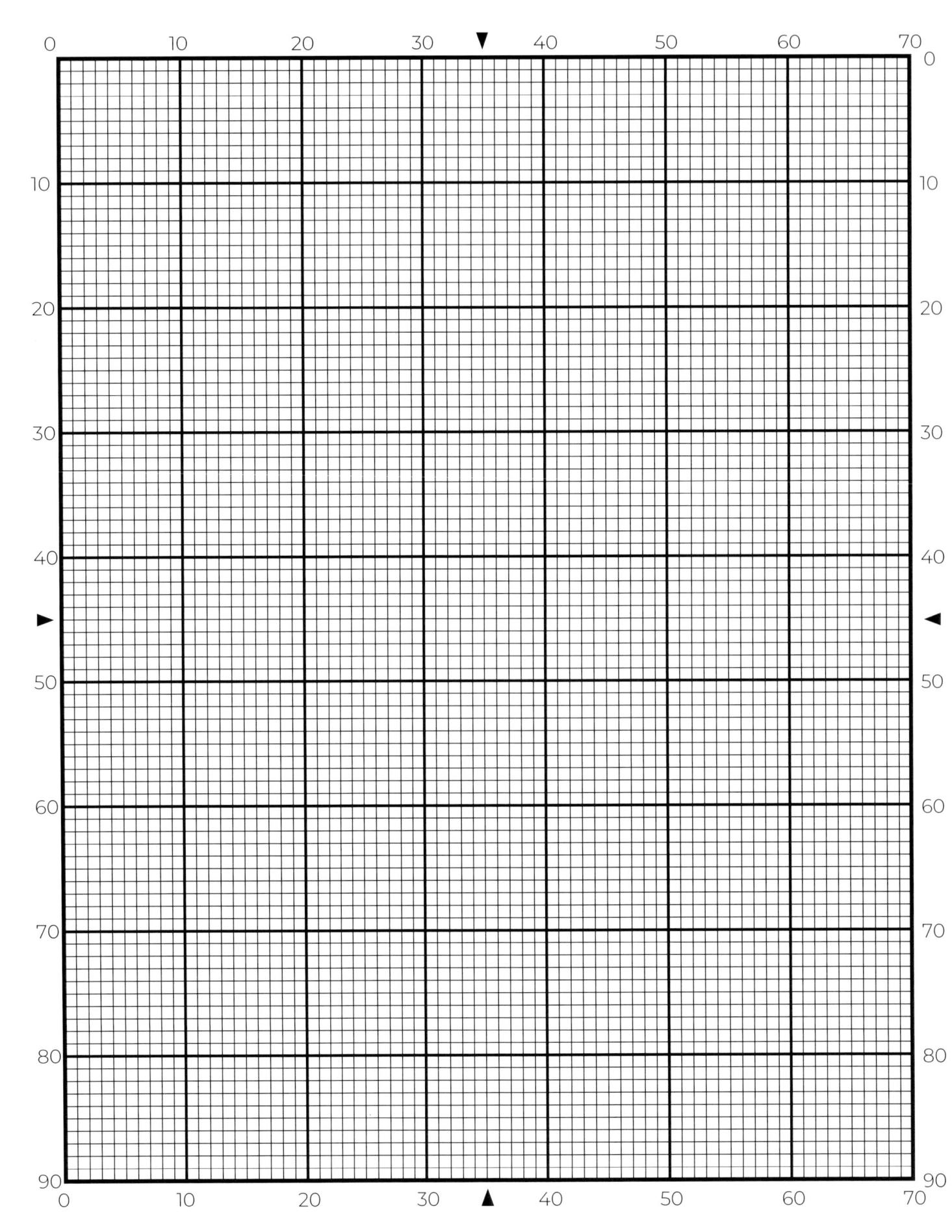

#_____   Name_____

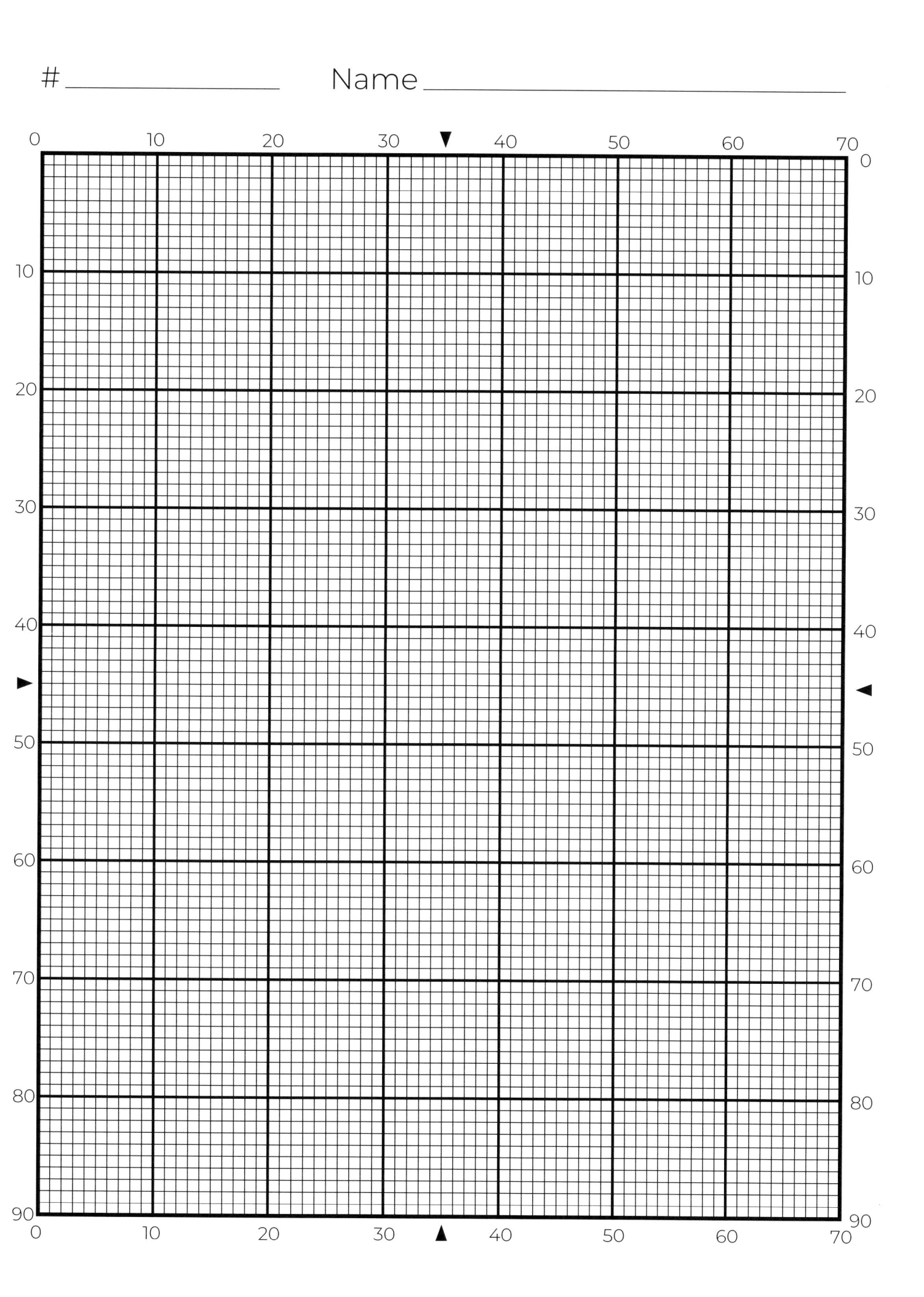

\# _____ Name _____

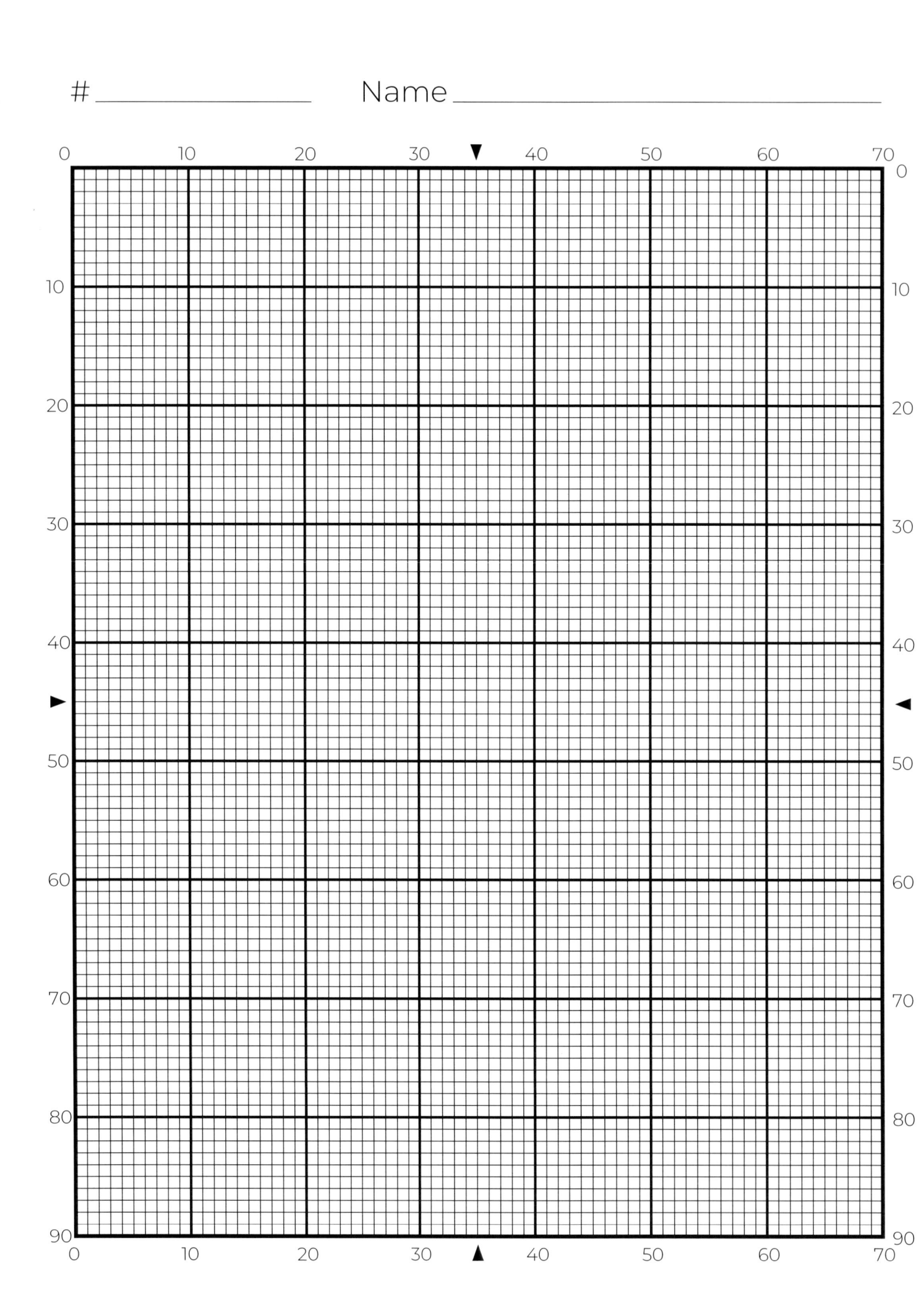

\#_____ Name_____

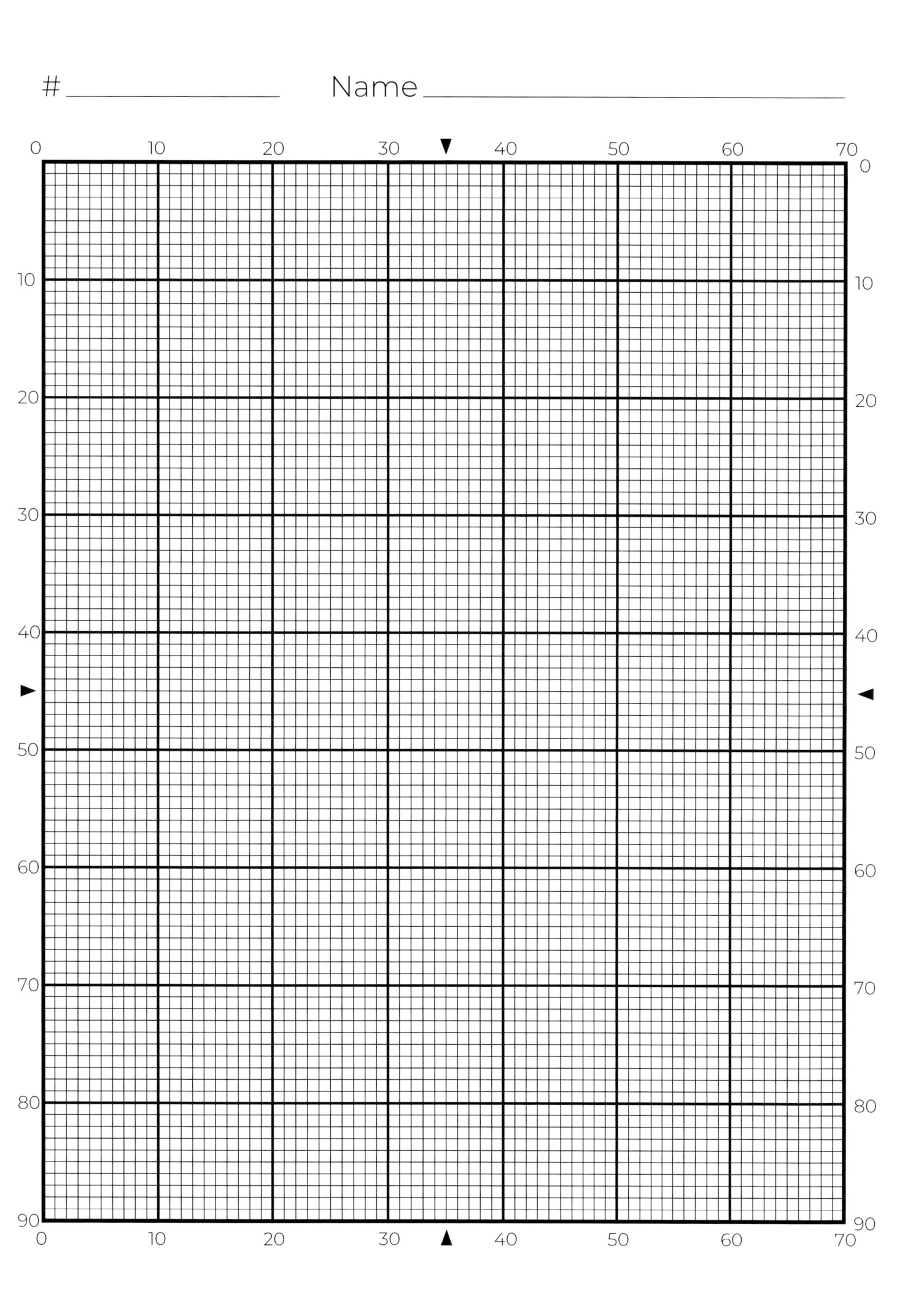

#_____   Name_____

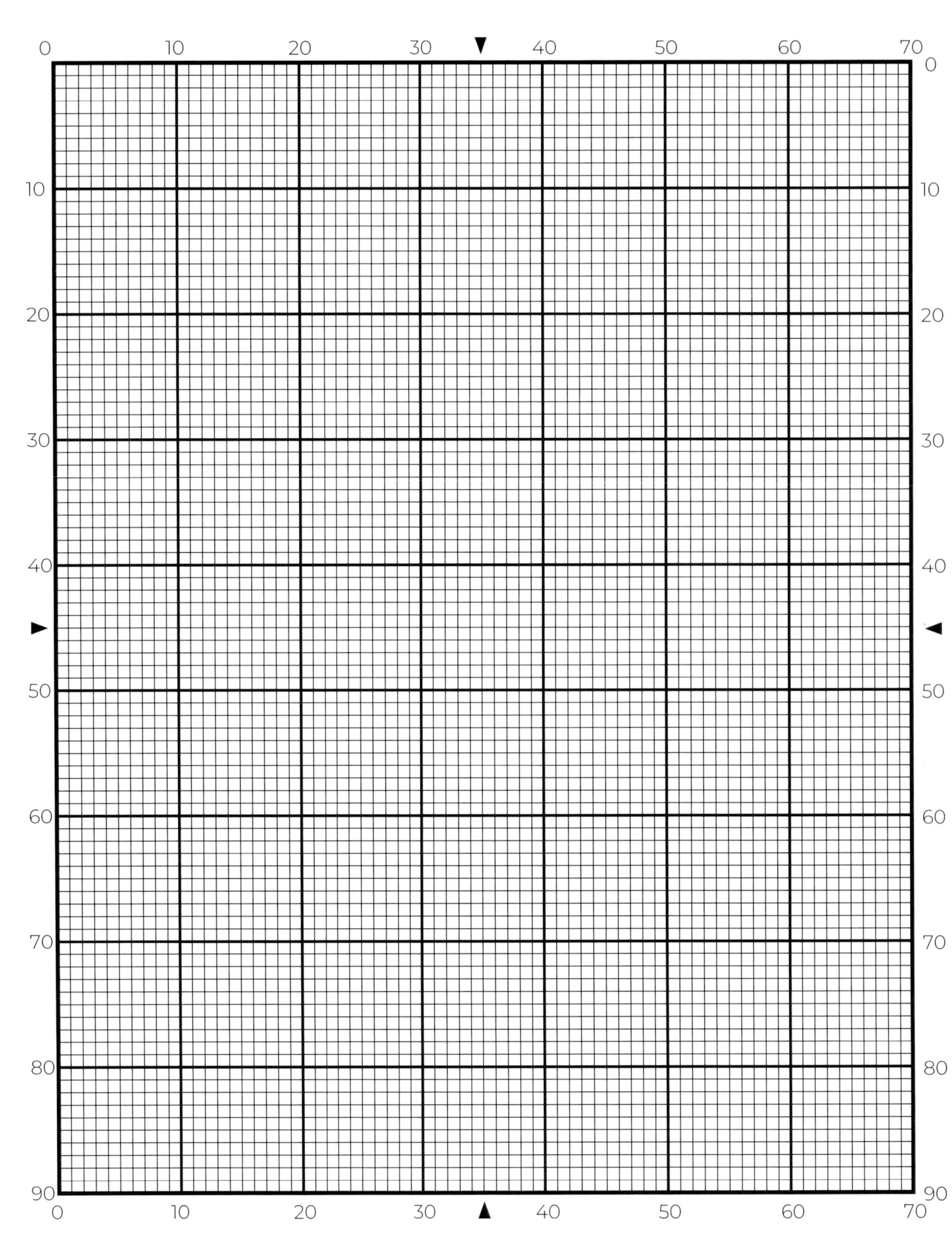

\#_____   Name_____

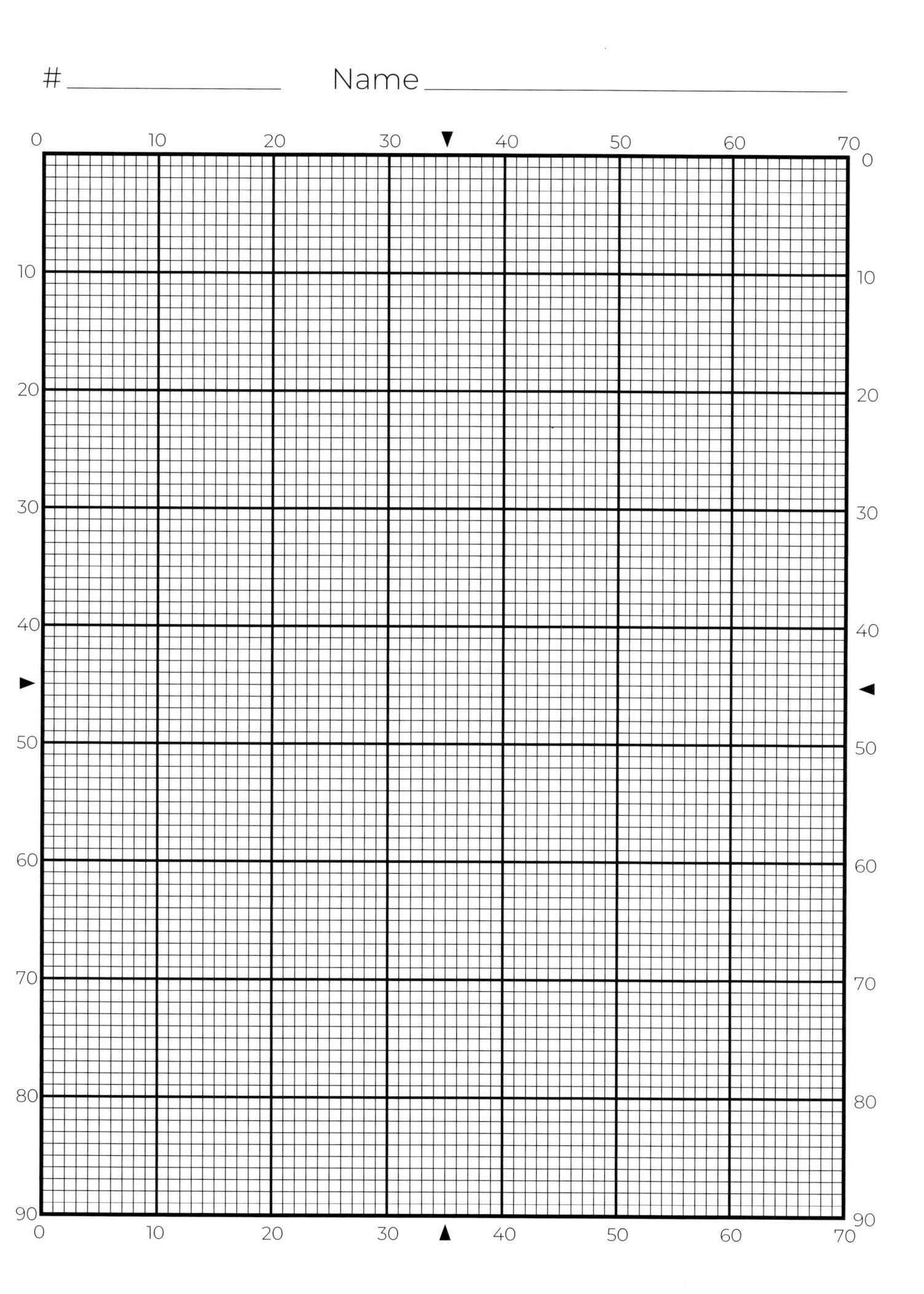

\#_____ Name_____

\#_____ Name_____

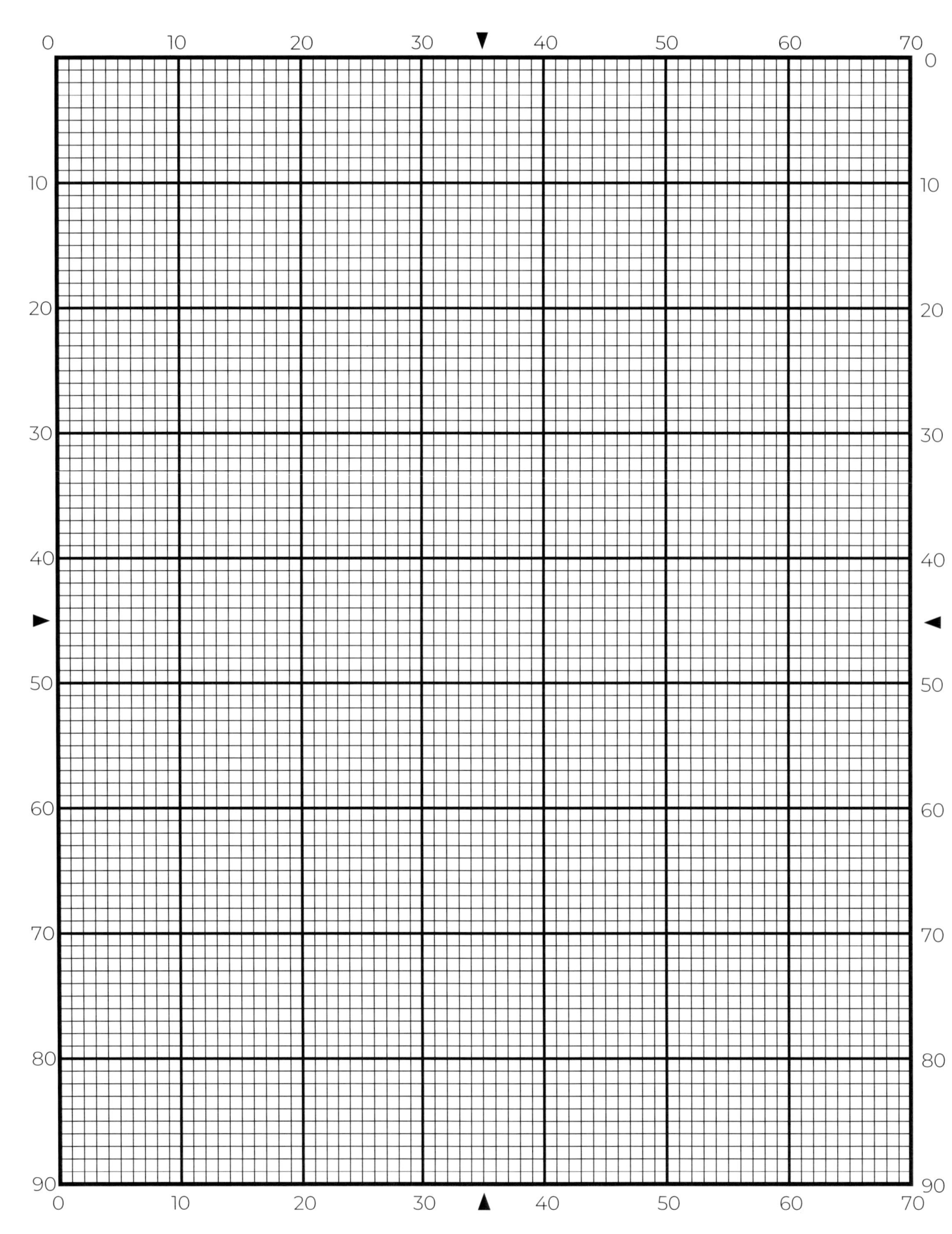

\# _____   Name_____

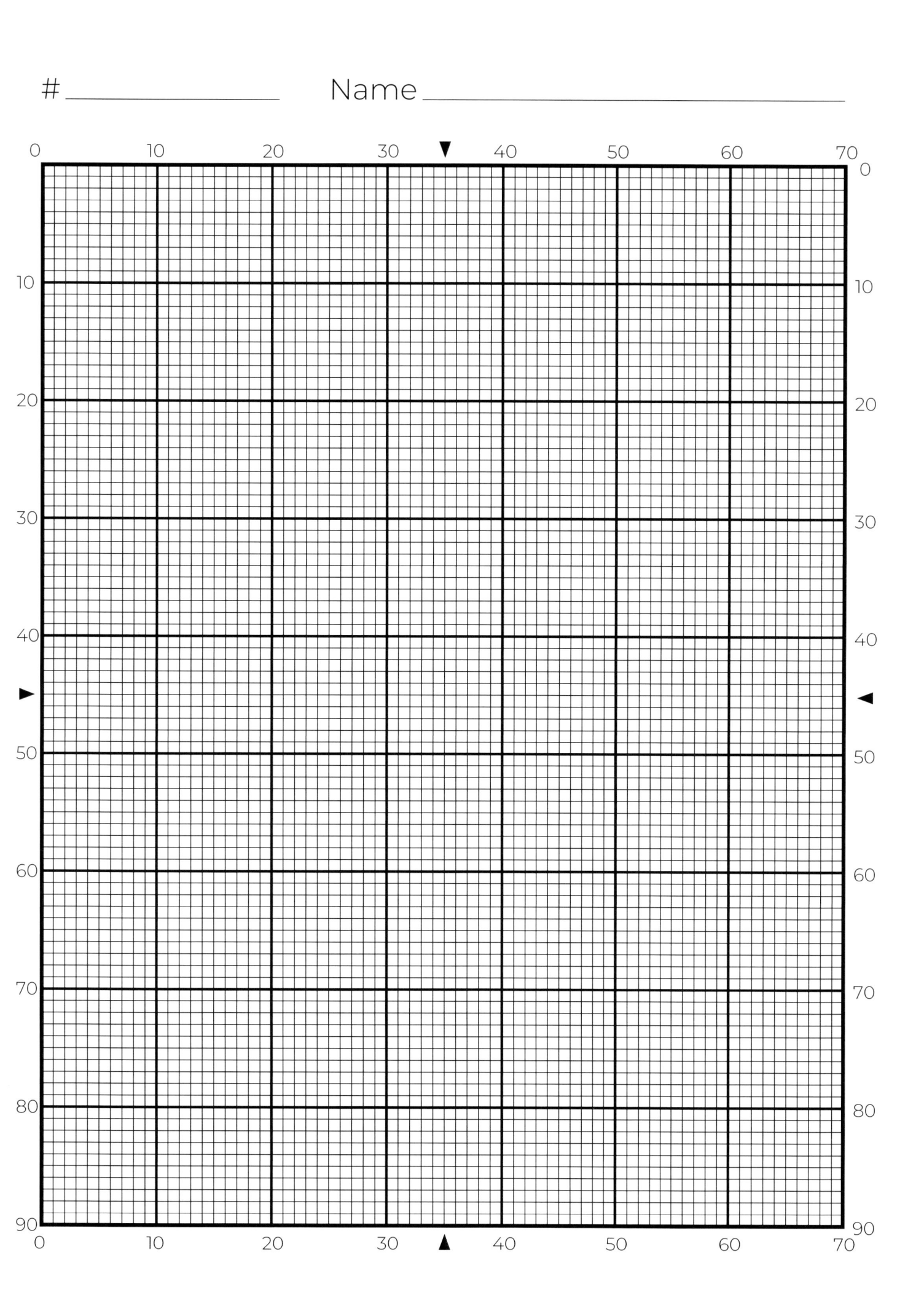

\#_____ Name_____

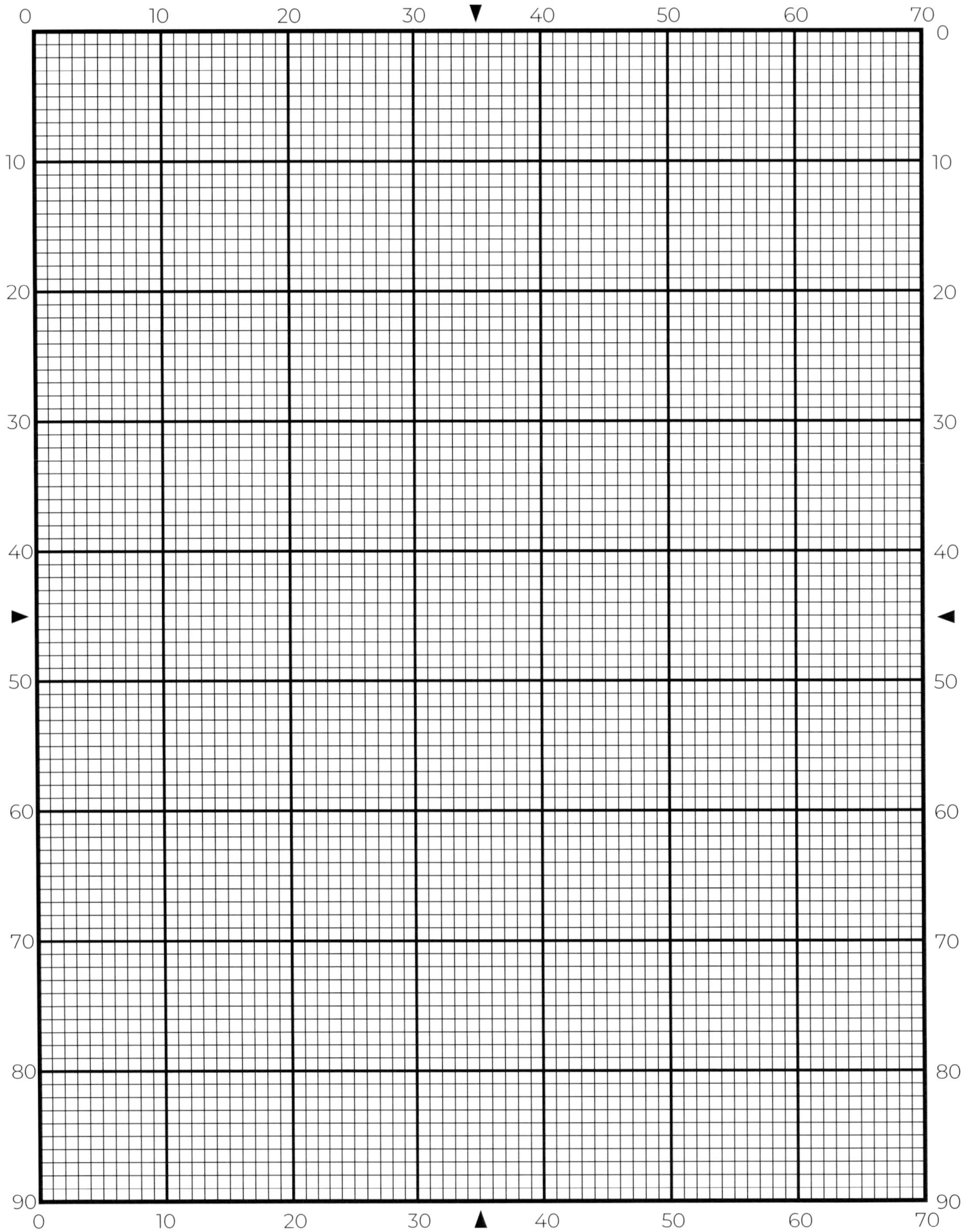

\# _____ Name _____

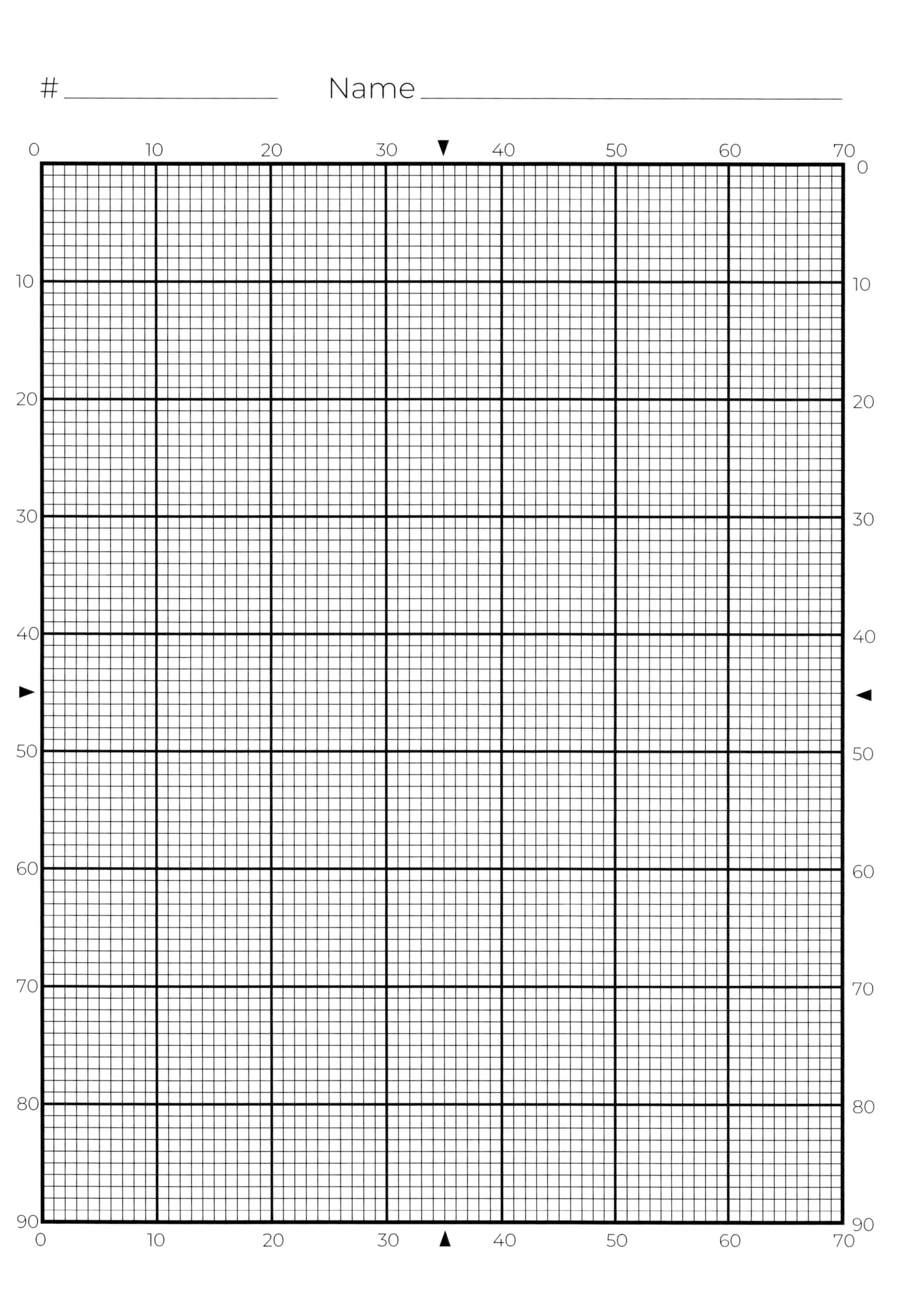

\#_____   Name_____

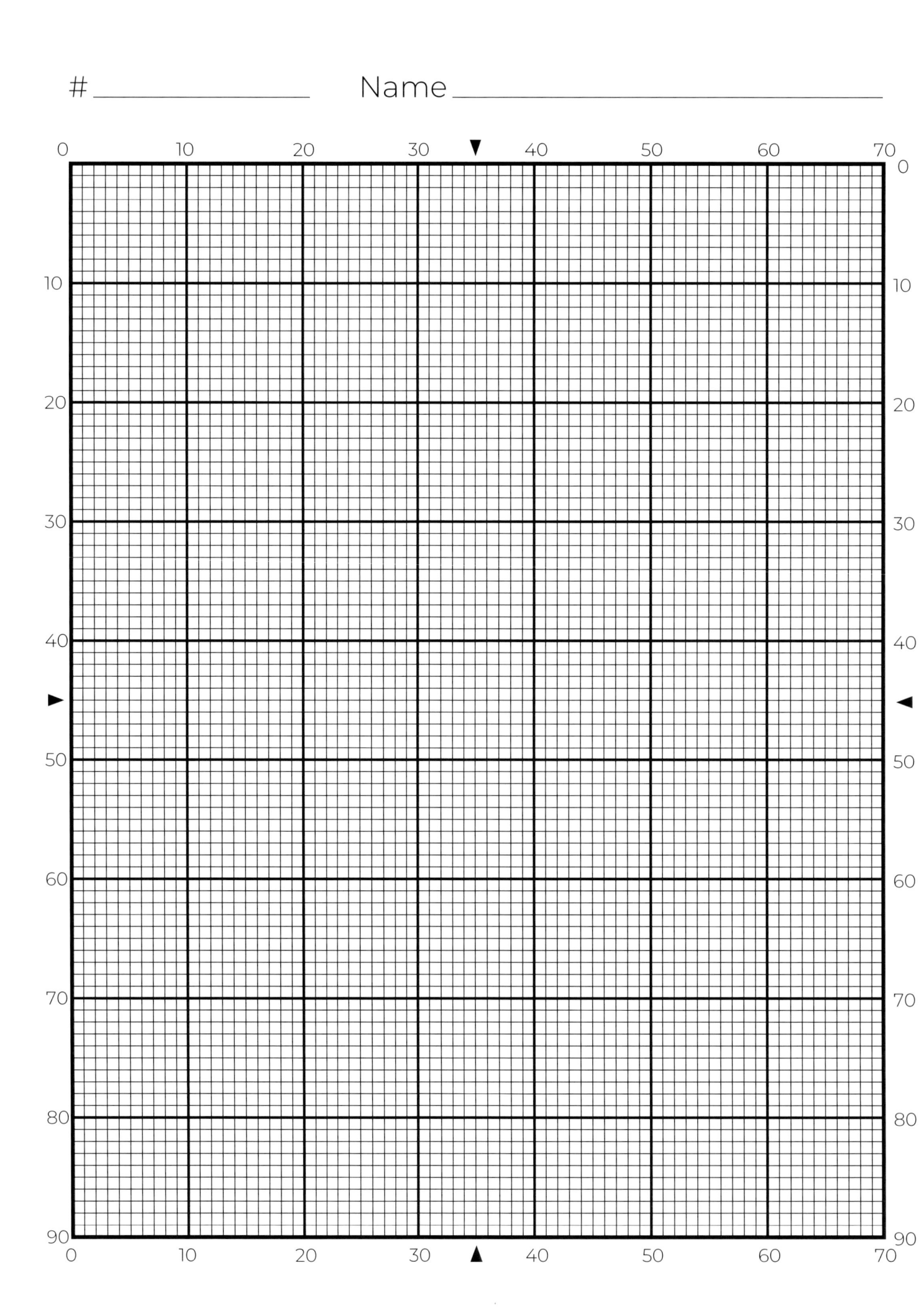

\#_____ Name_____

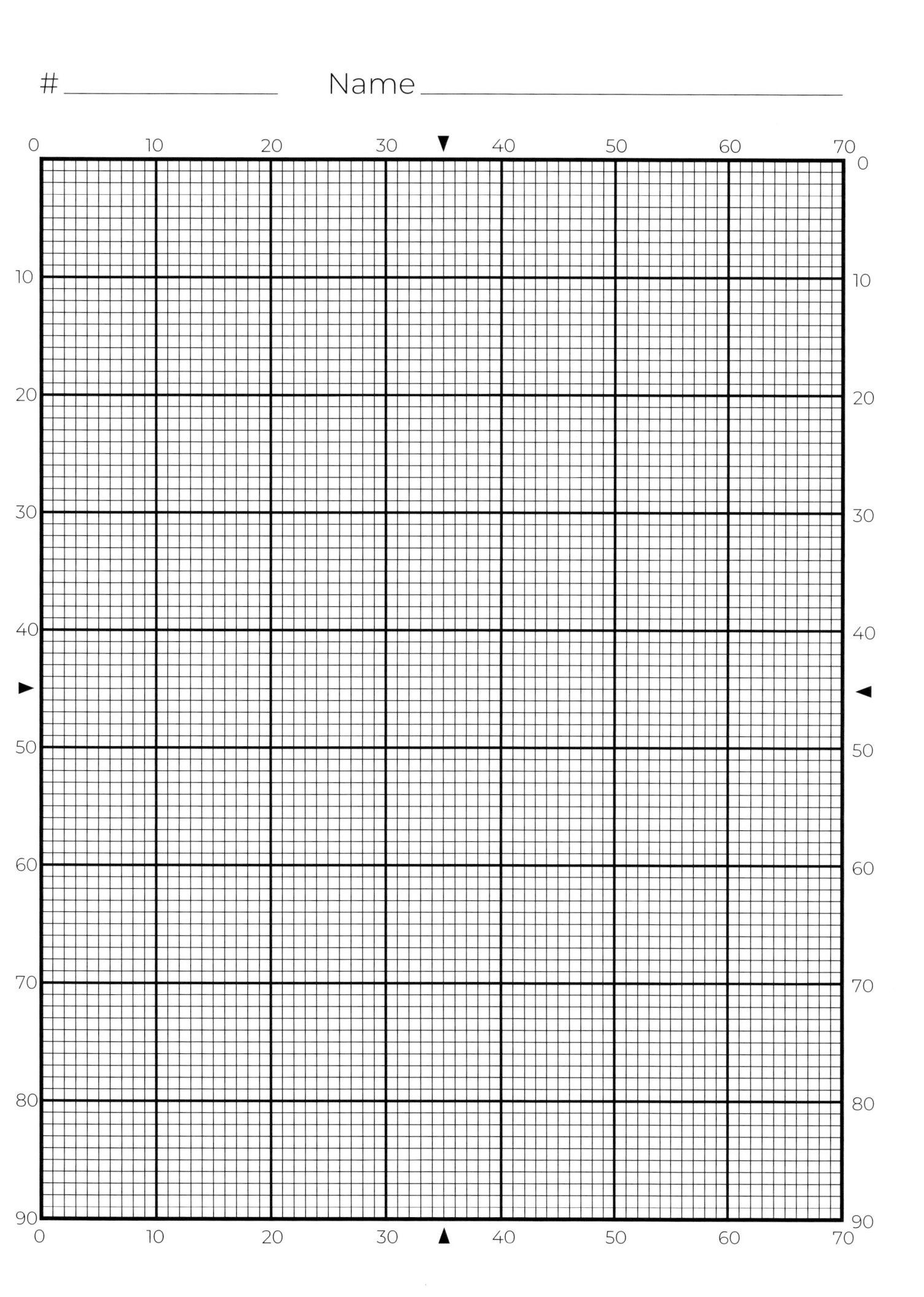

\#_____ Name_____

\# _____   Name _____

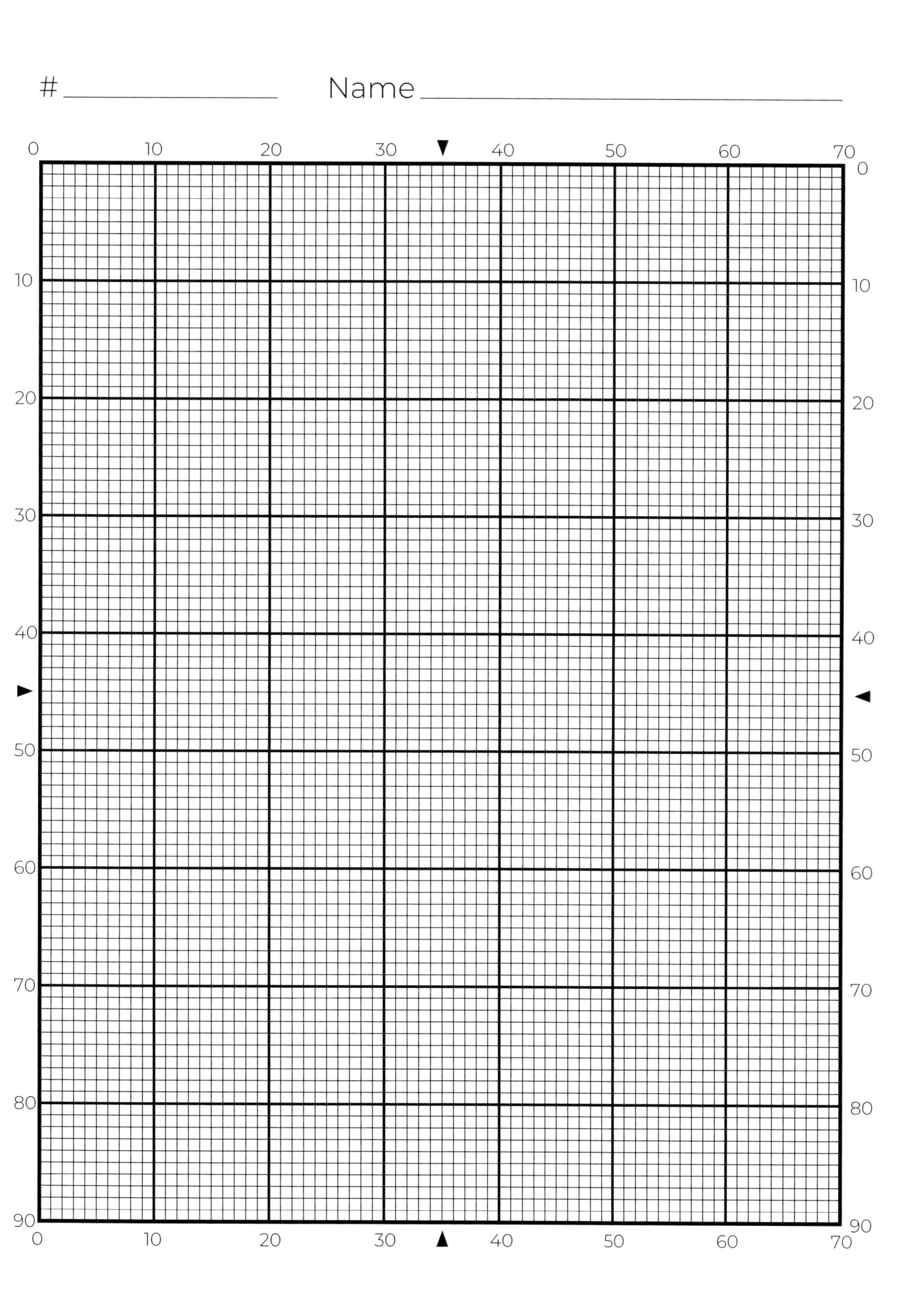

\# _____ Name _____

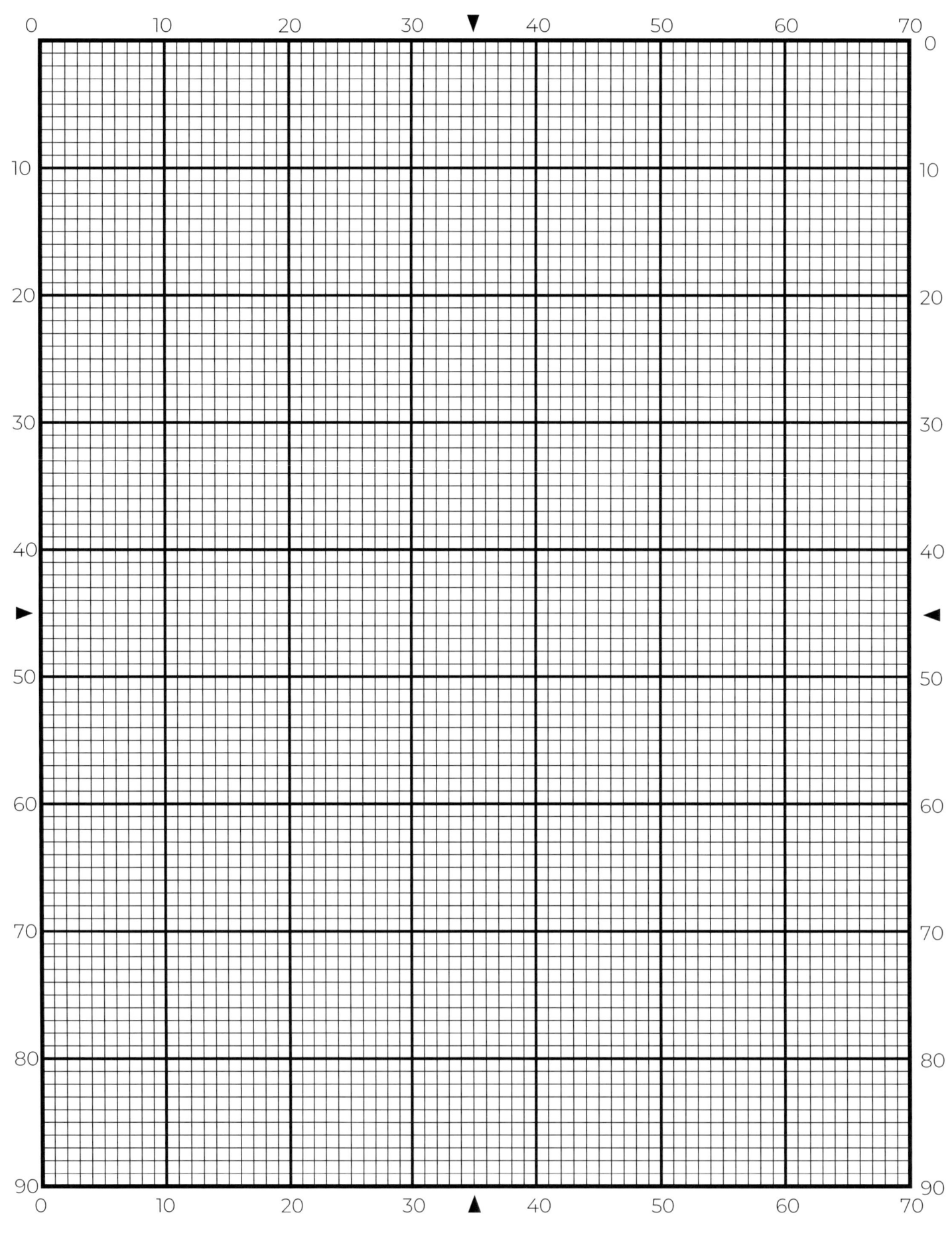

\#　_____　Name_____

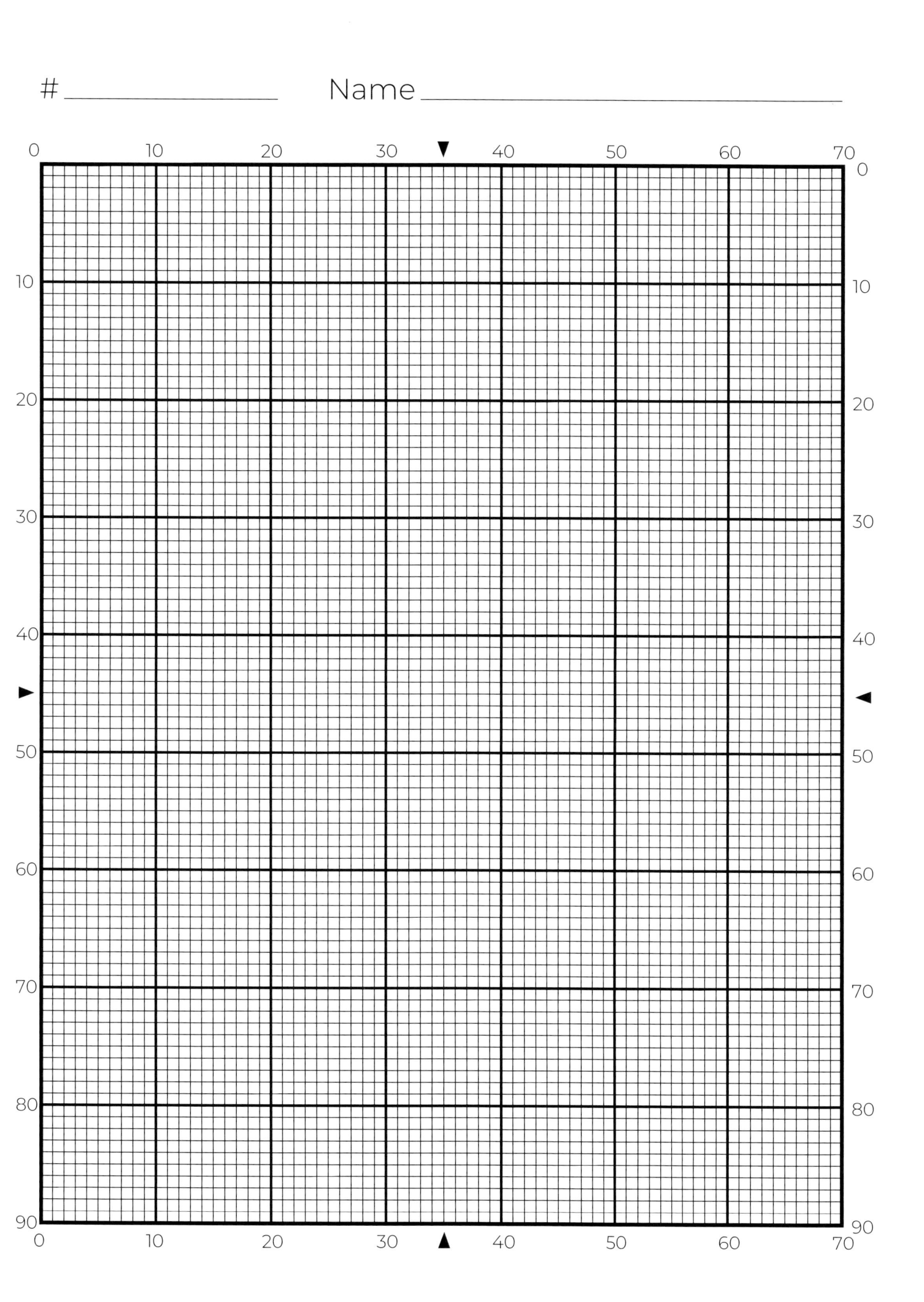

\#_____   Name_____

\# _____ Name _____

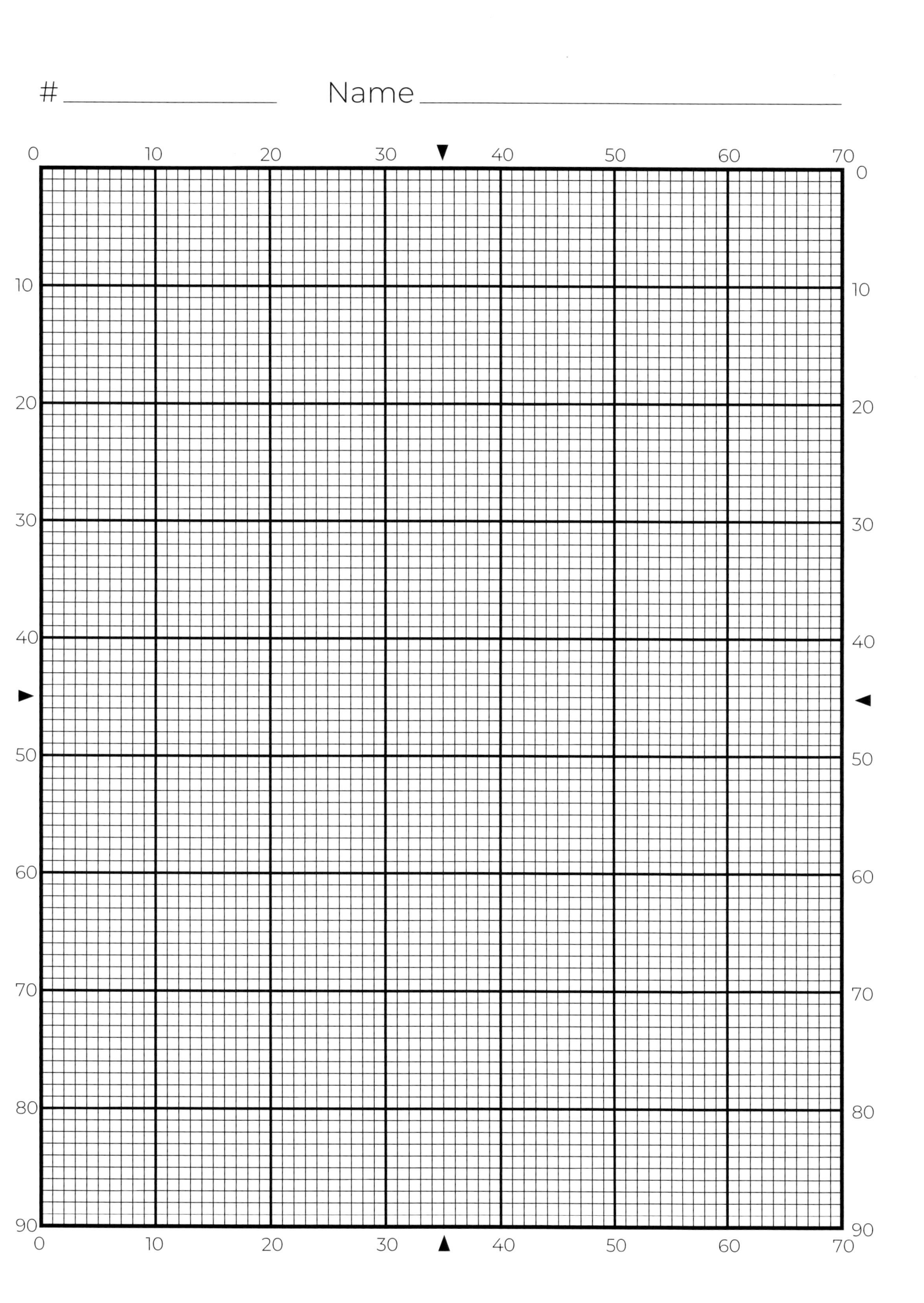

\#_____ Name_____

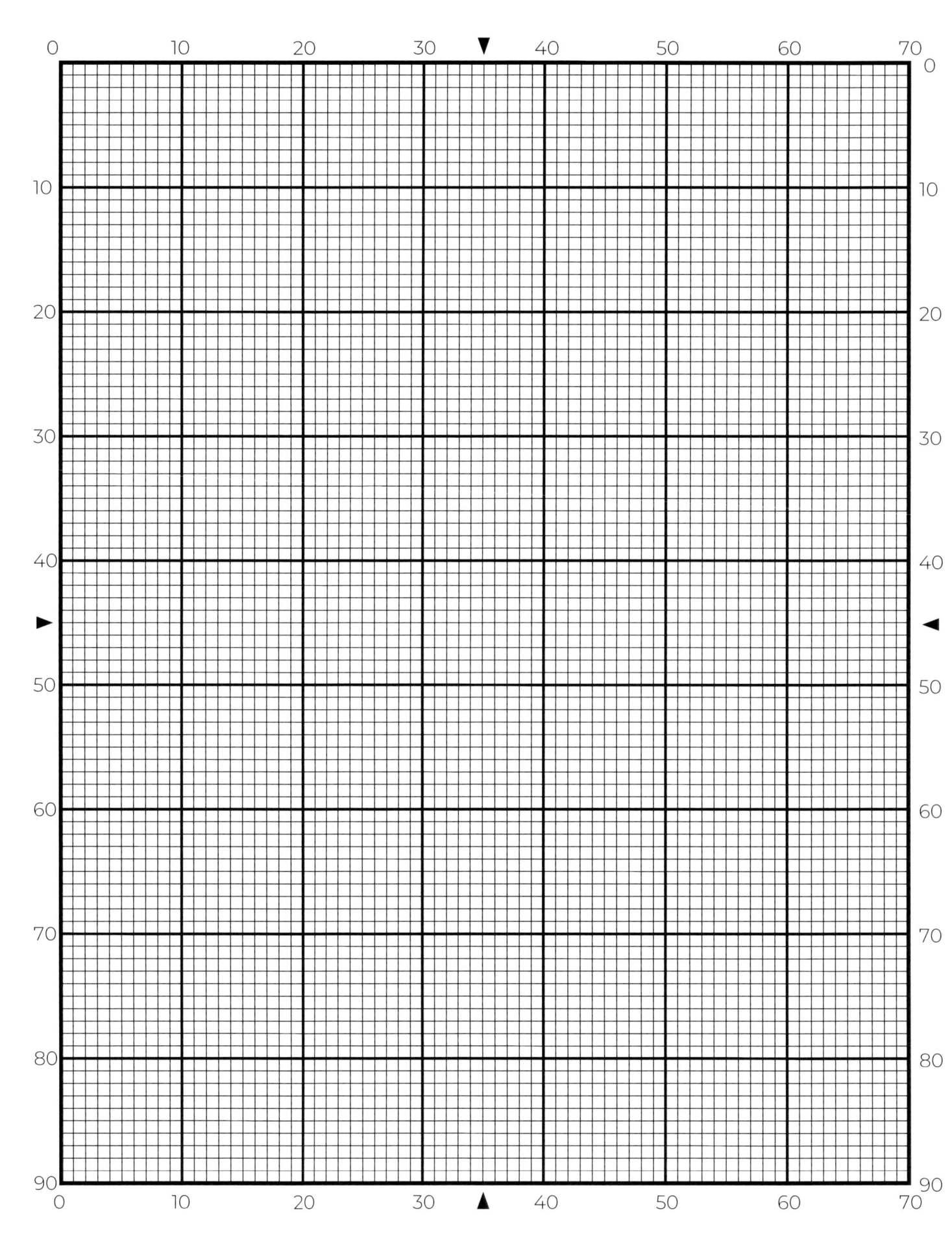

#_____ Name_____

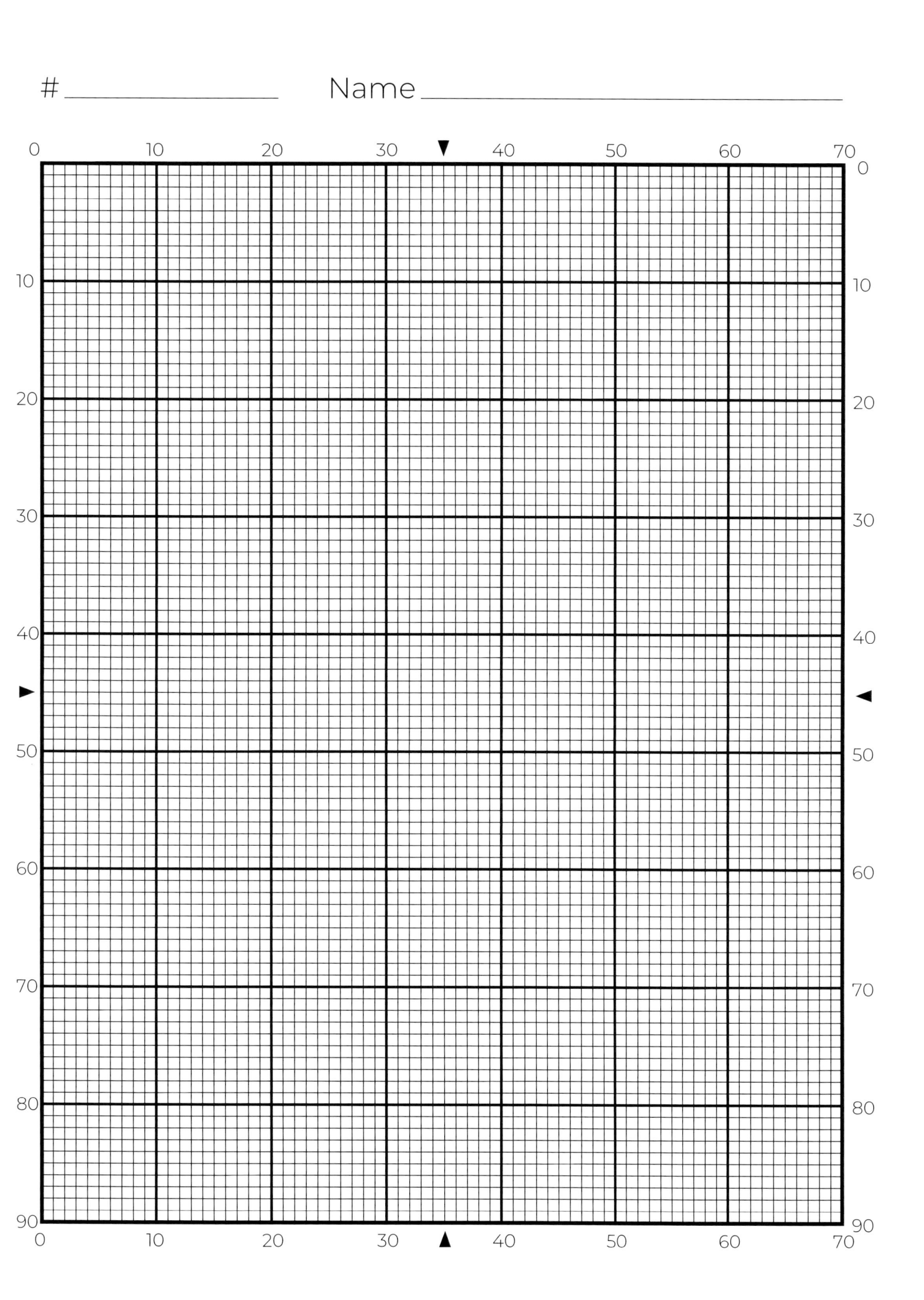

\#_____ Name_____

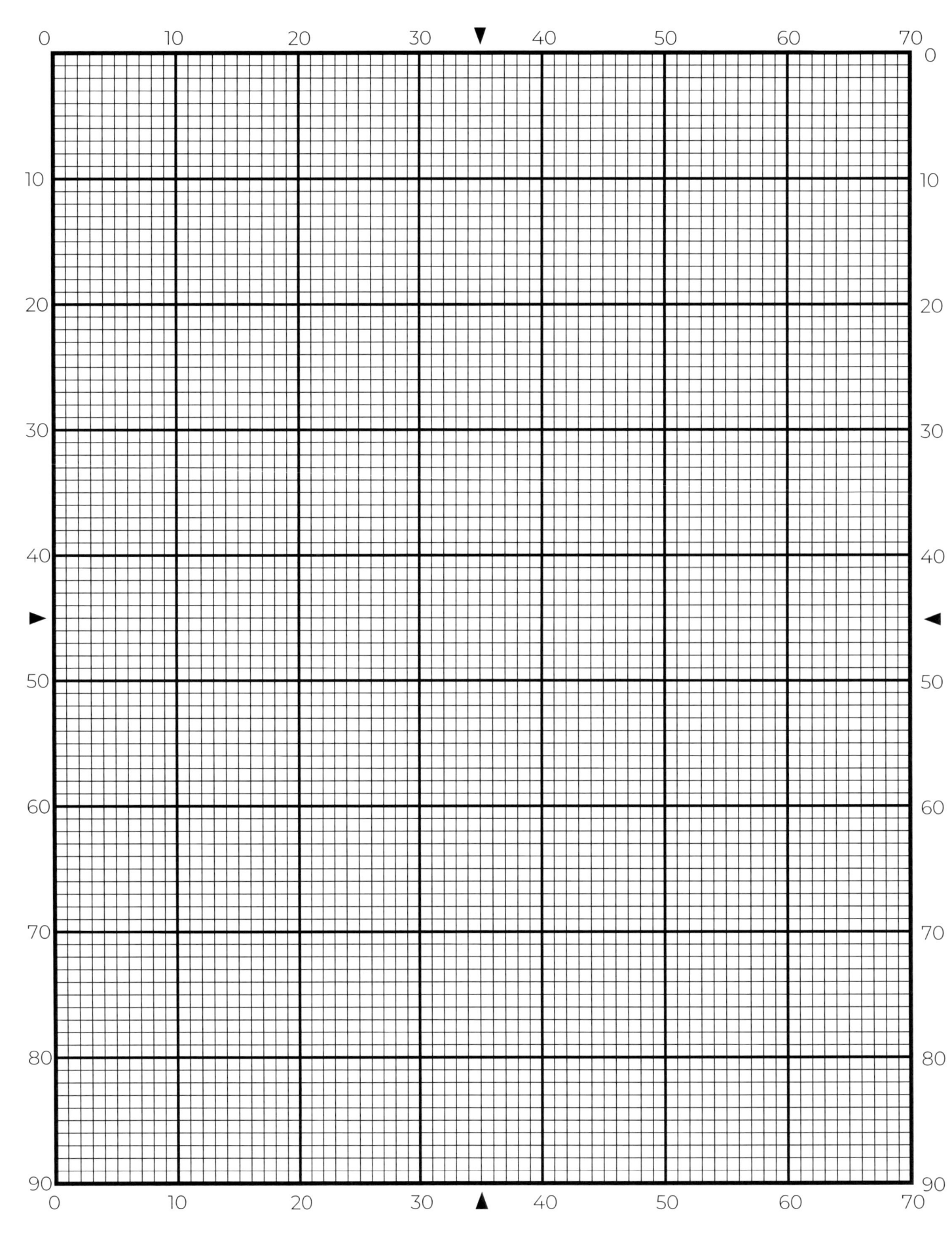

\# _____   Name_____

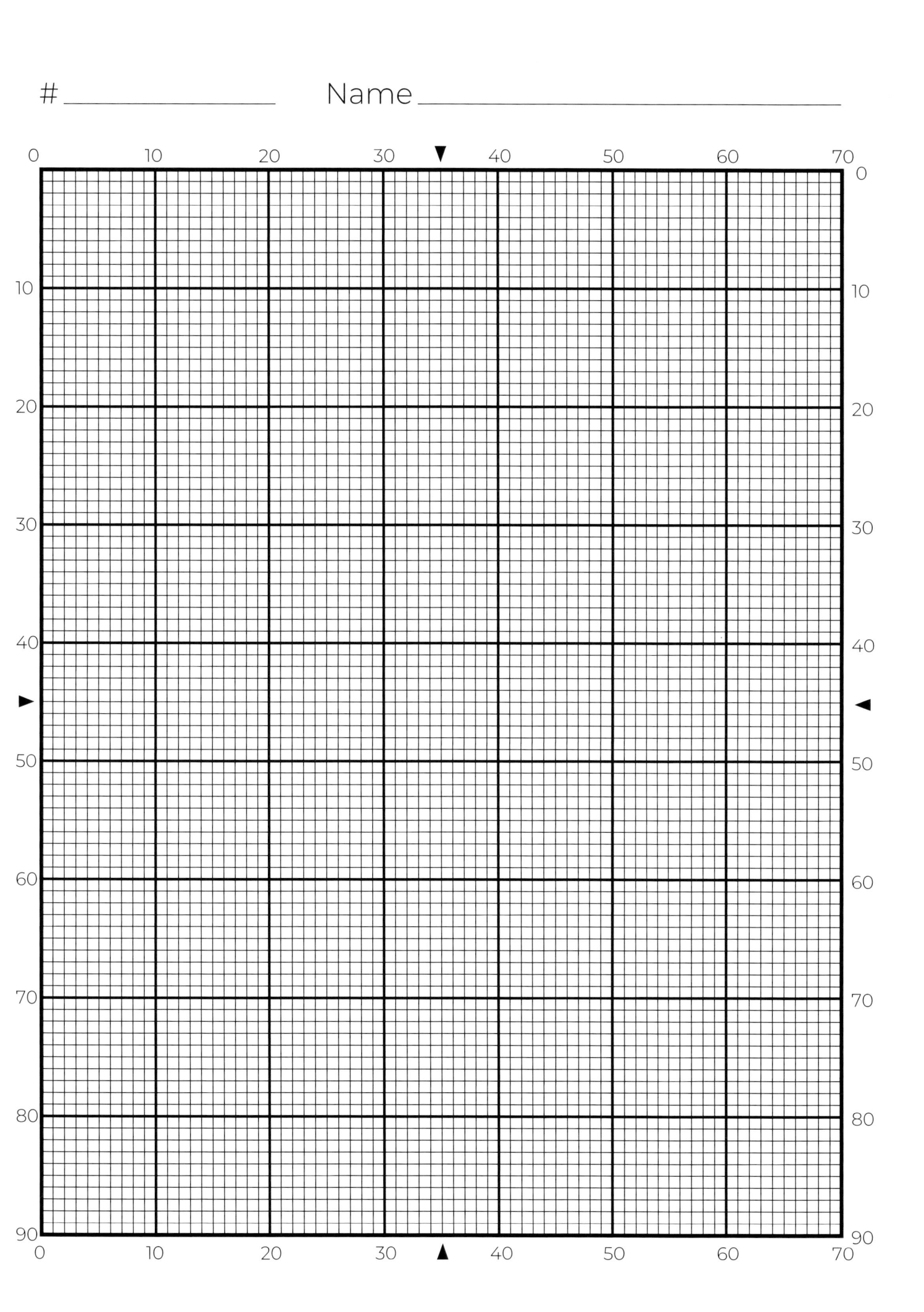

\#_____ Name_____

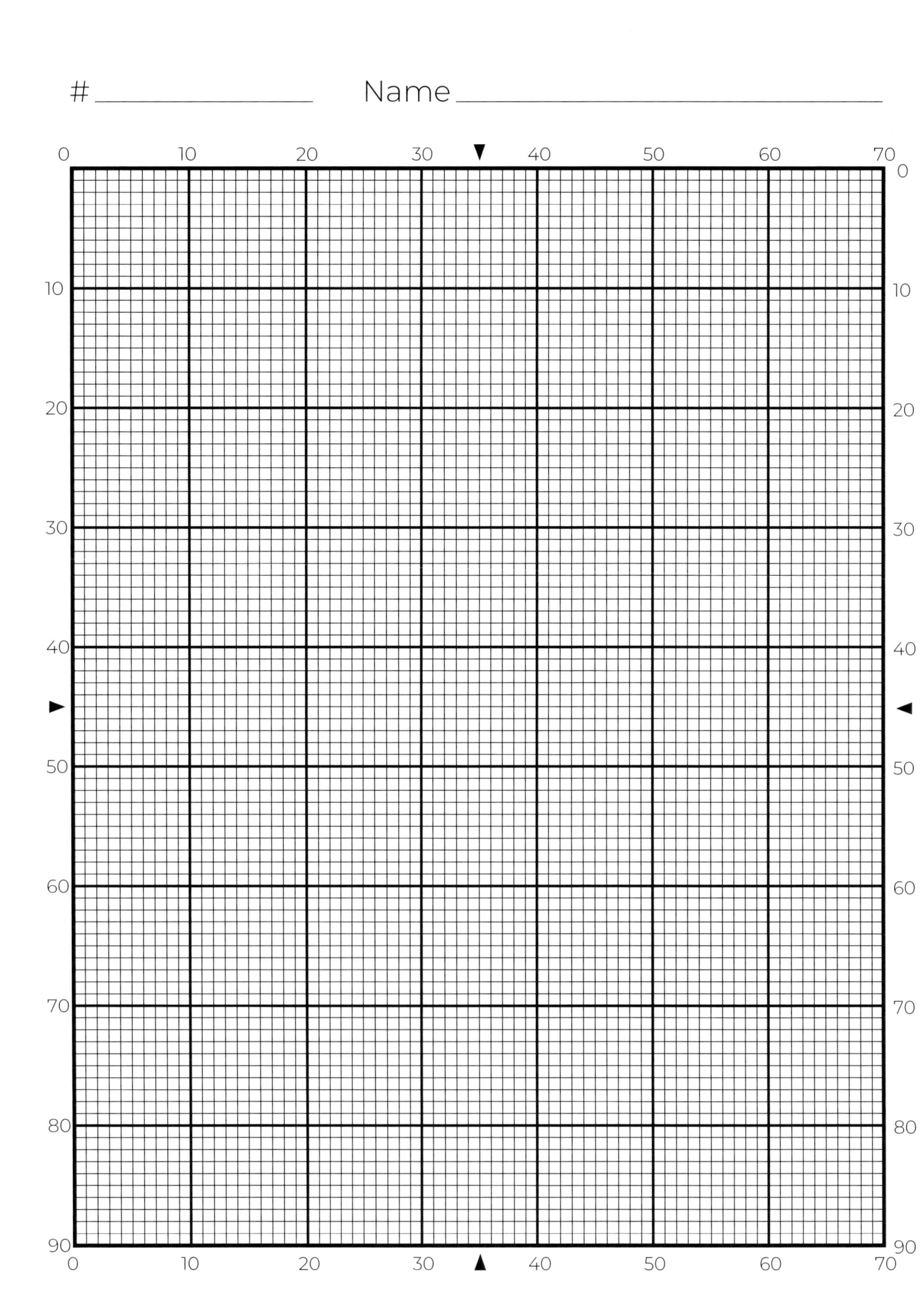

\# _____   Name _____

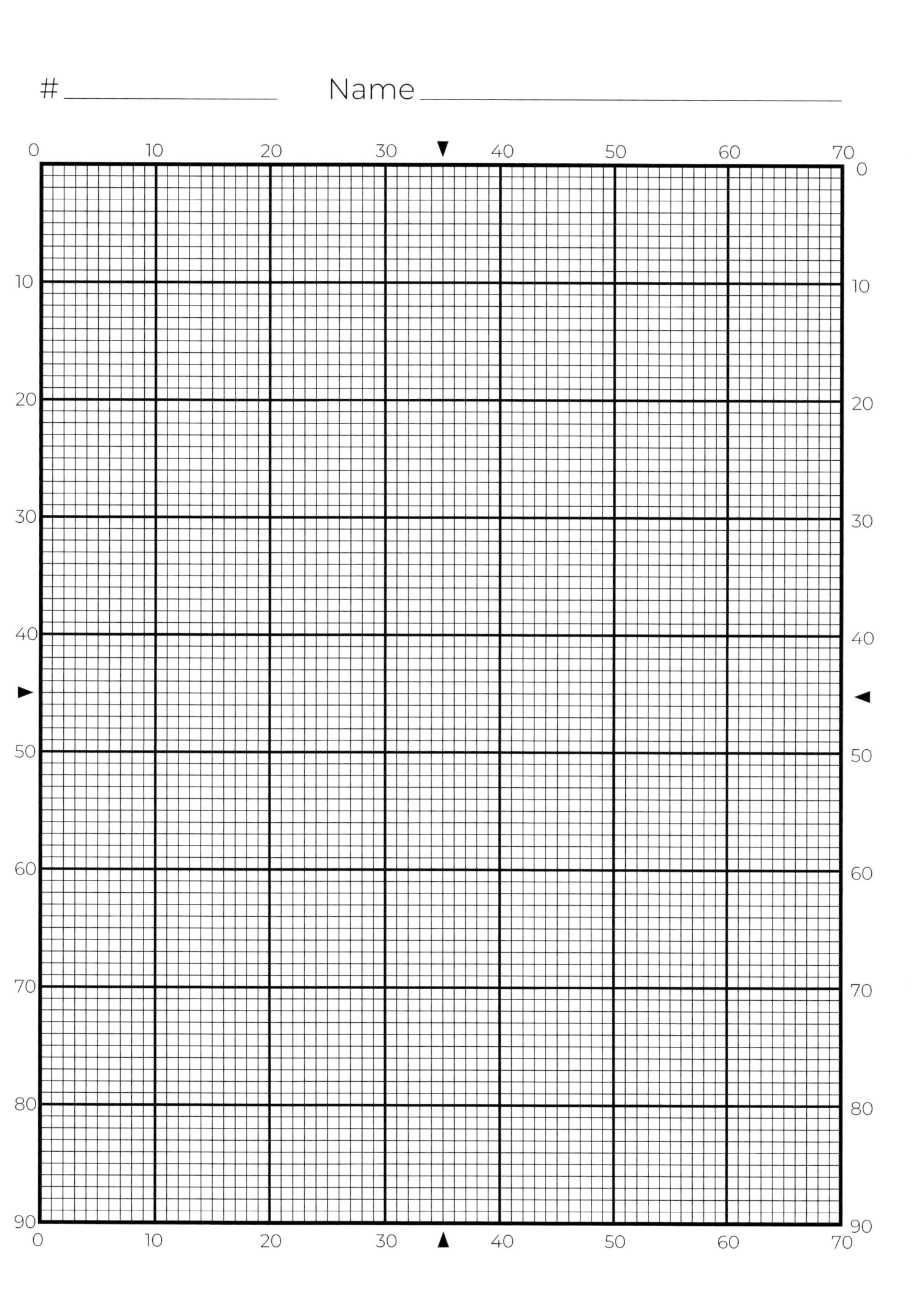

\#_____   Name_____

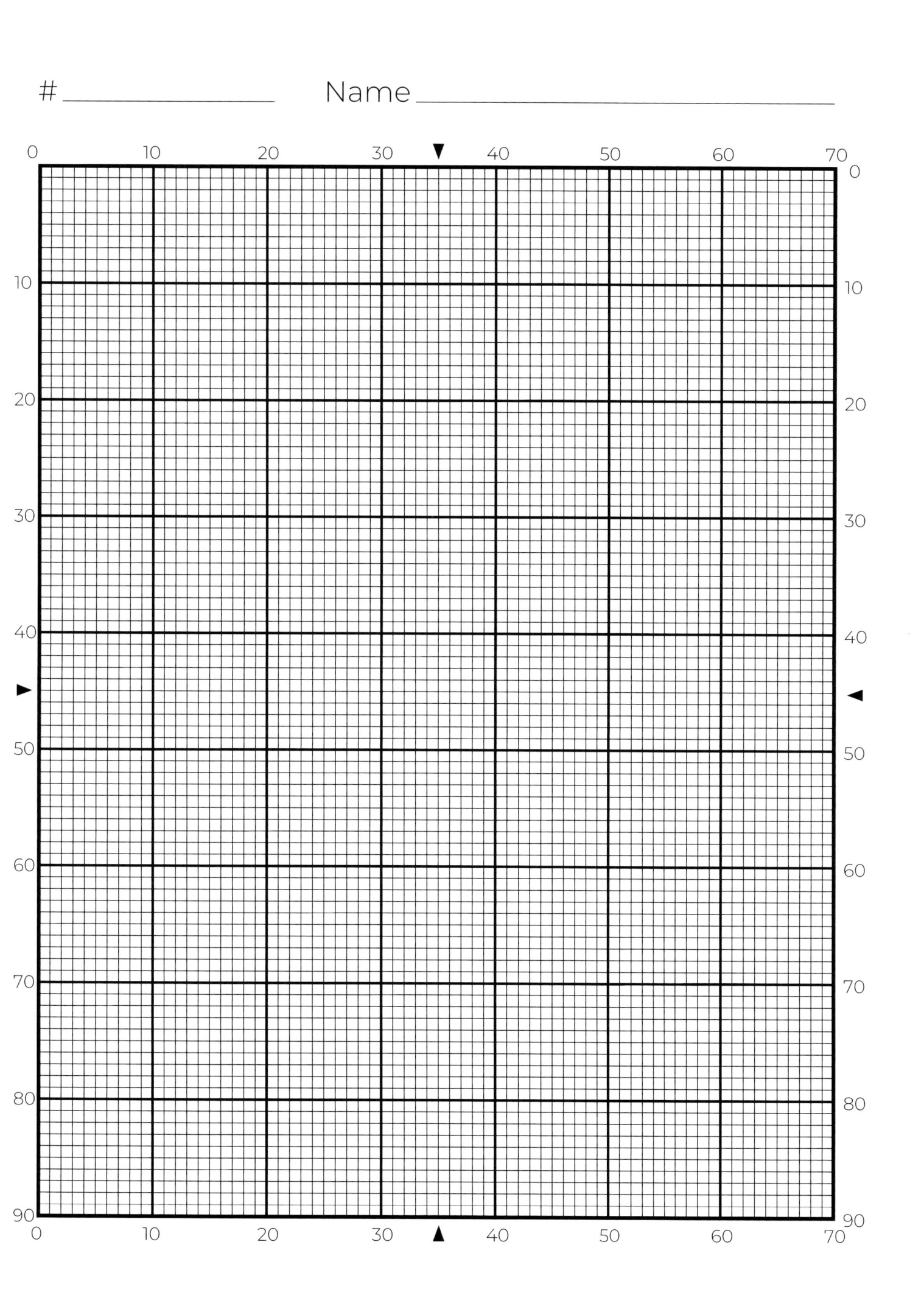

\# _____ Name _____

\#_____ Name_____

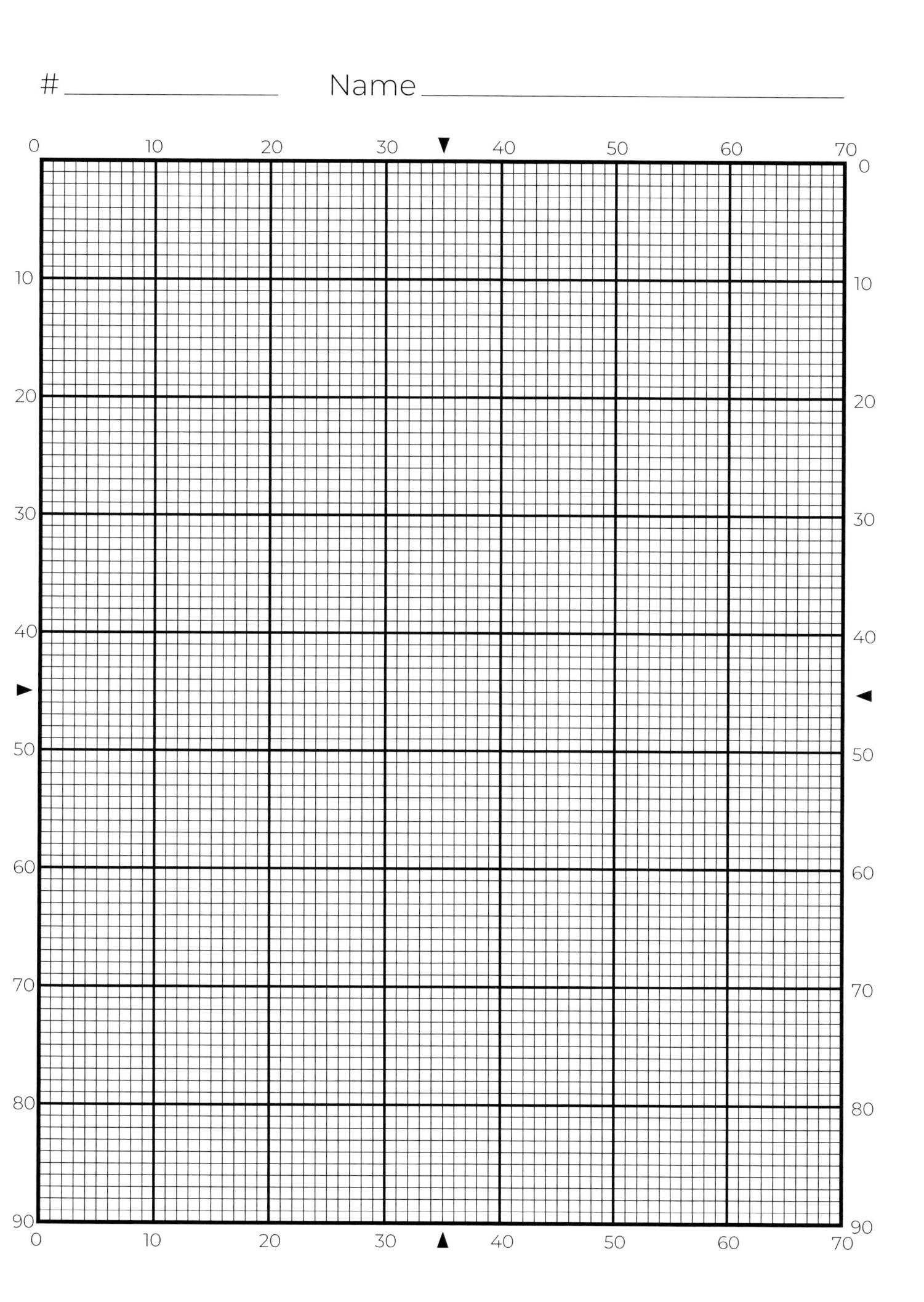

\# _____   Name _____

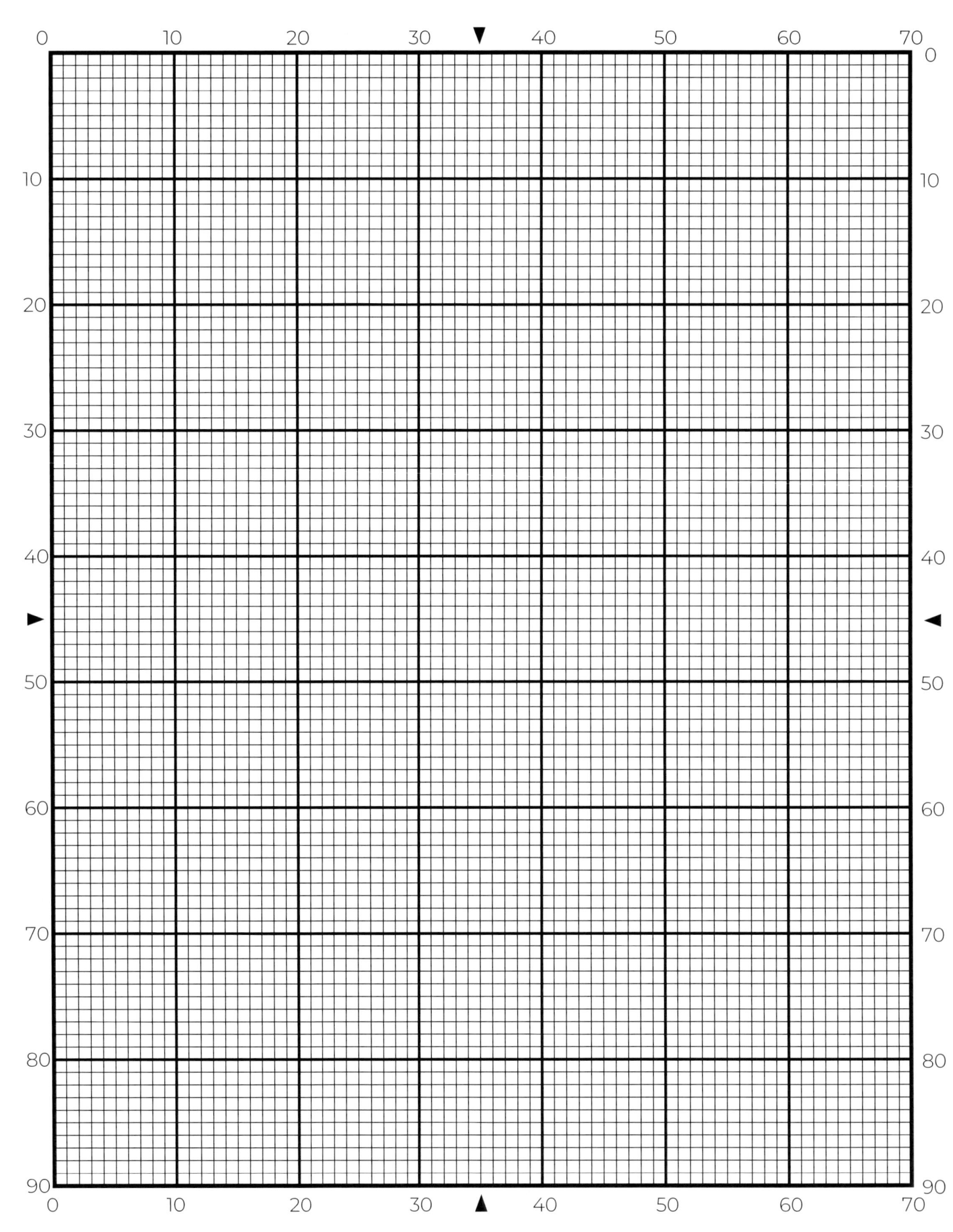

#_____   Name_____

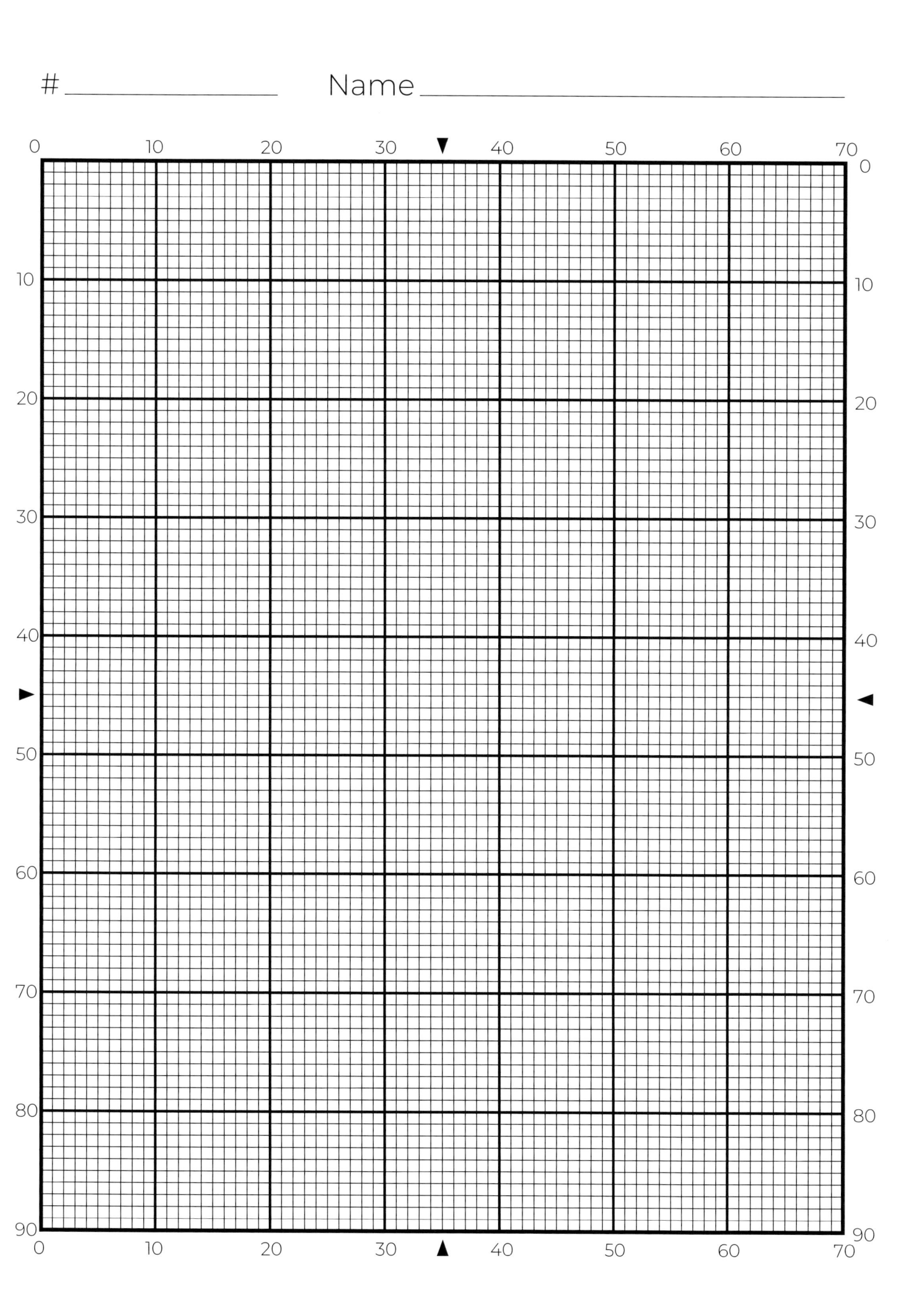

\#_____   Name_____

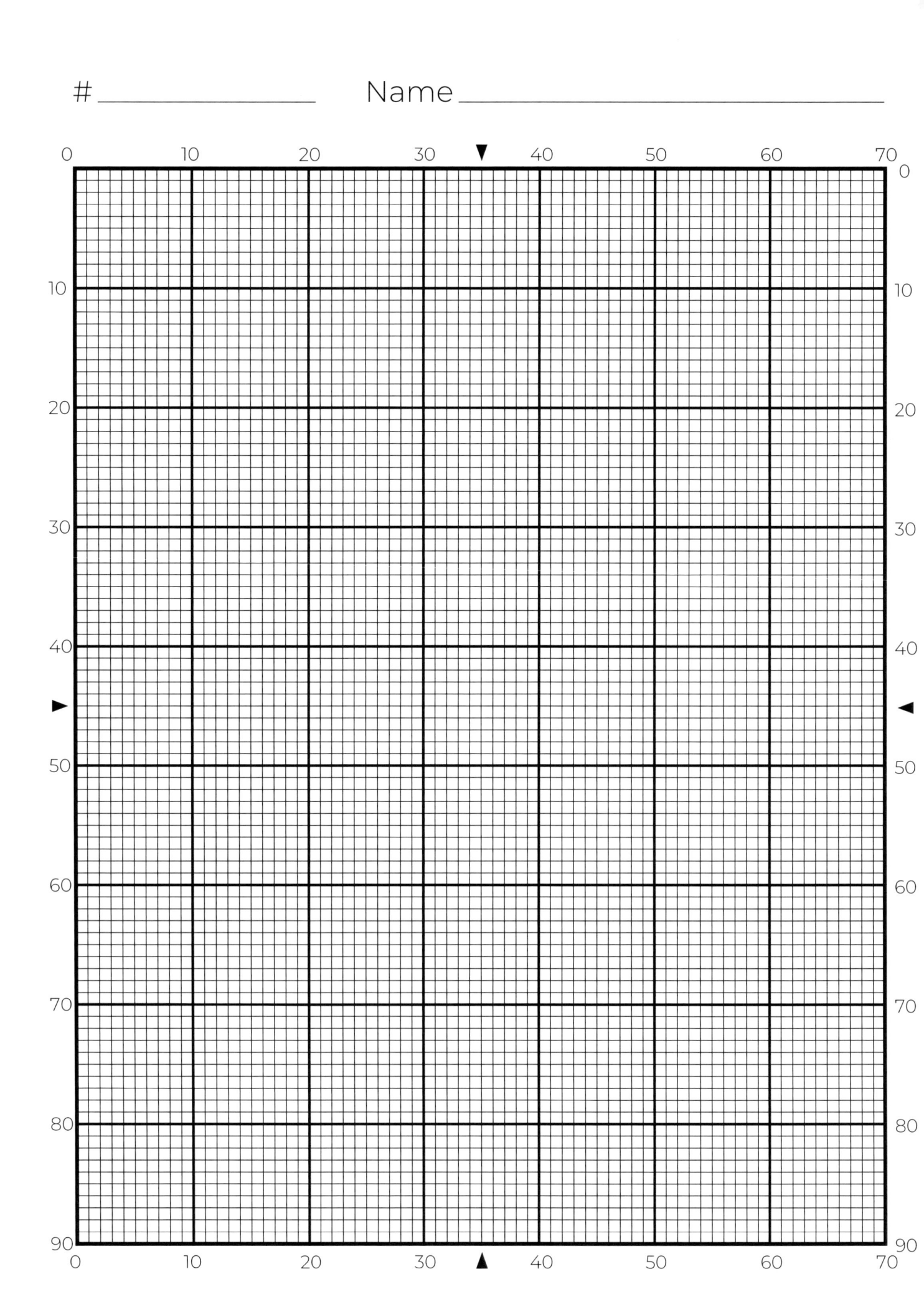

\#_____   Name_____

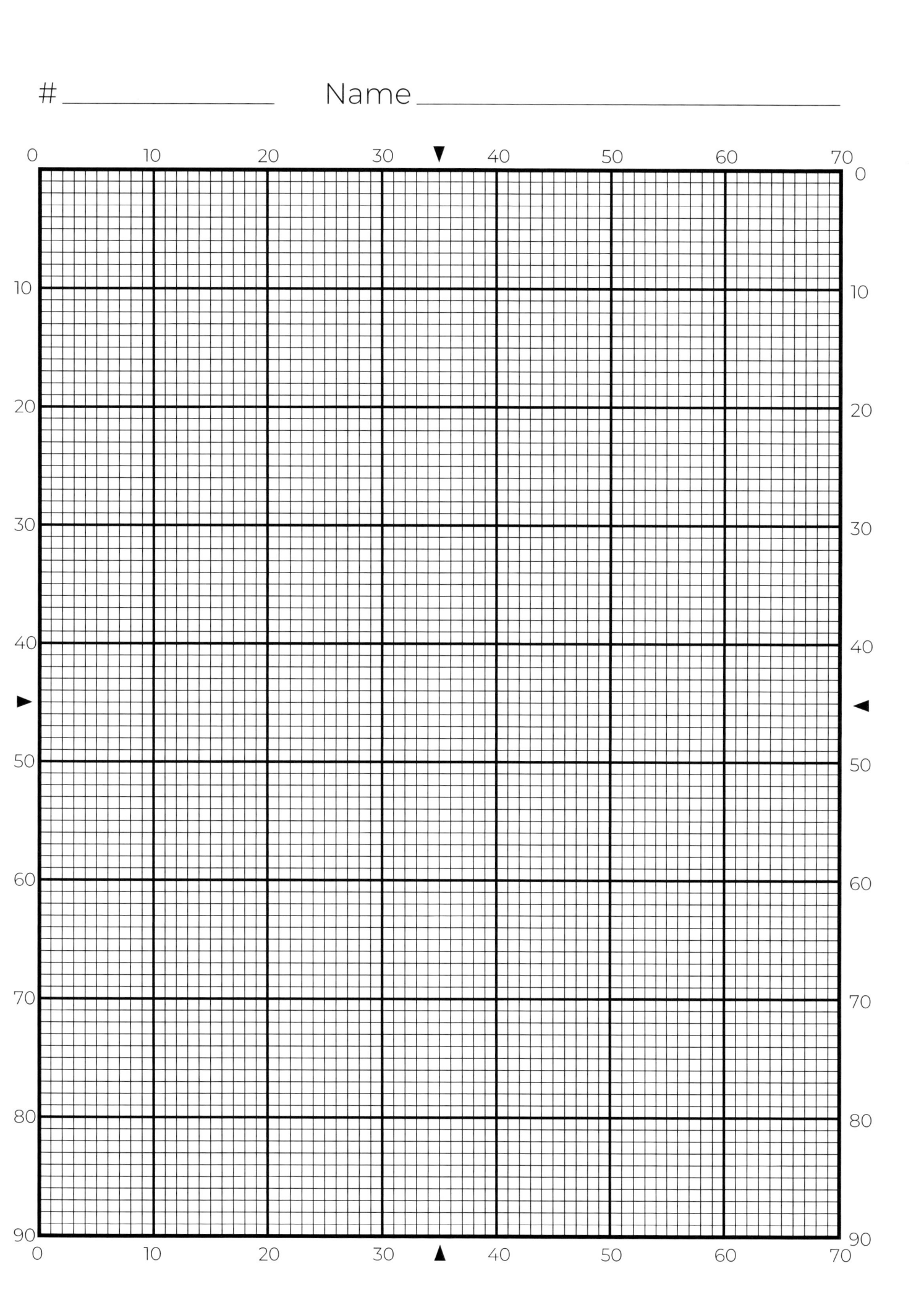

\#_____   Name_____

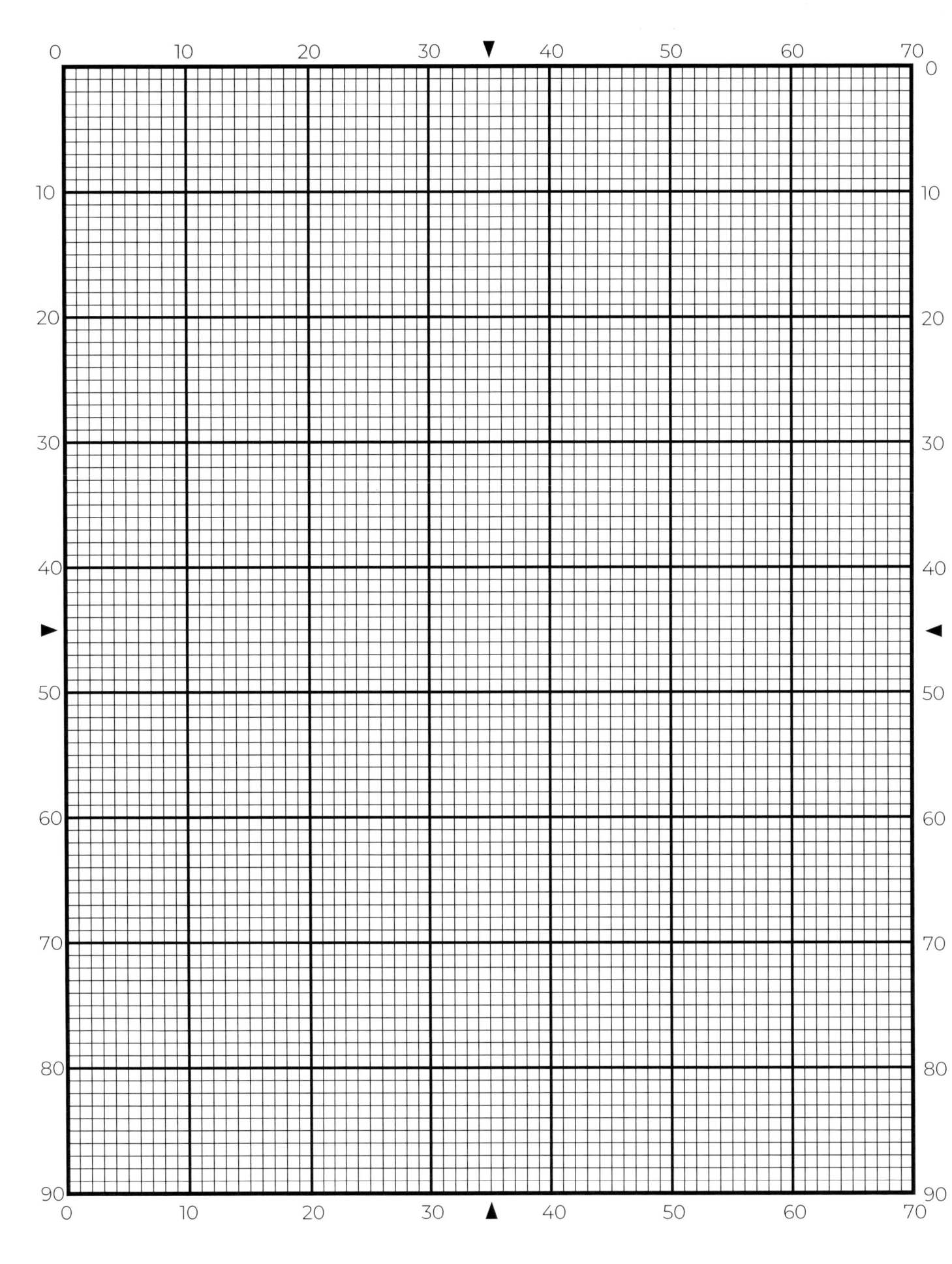

\#_____   Name_____

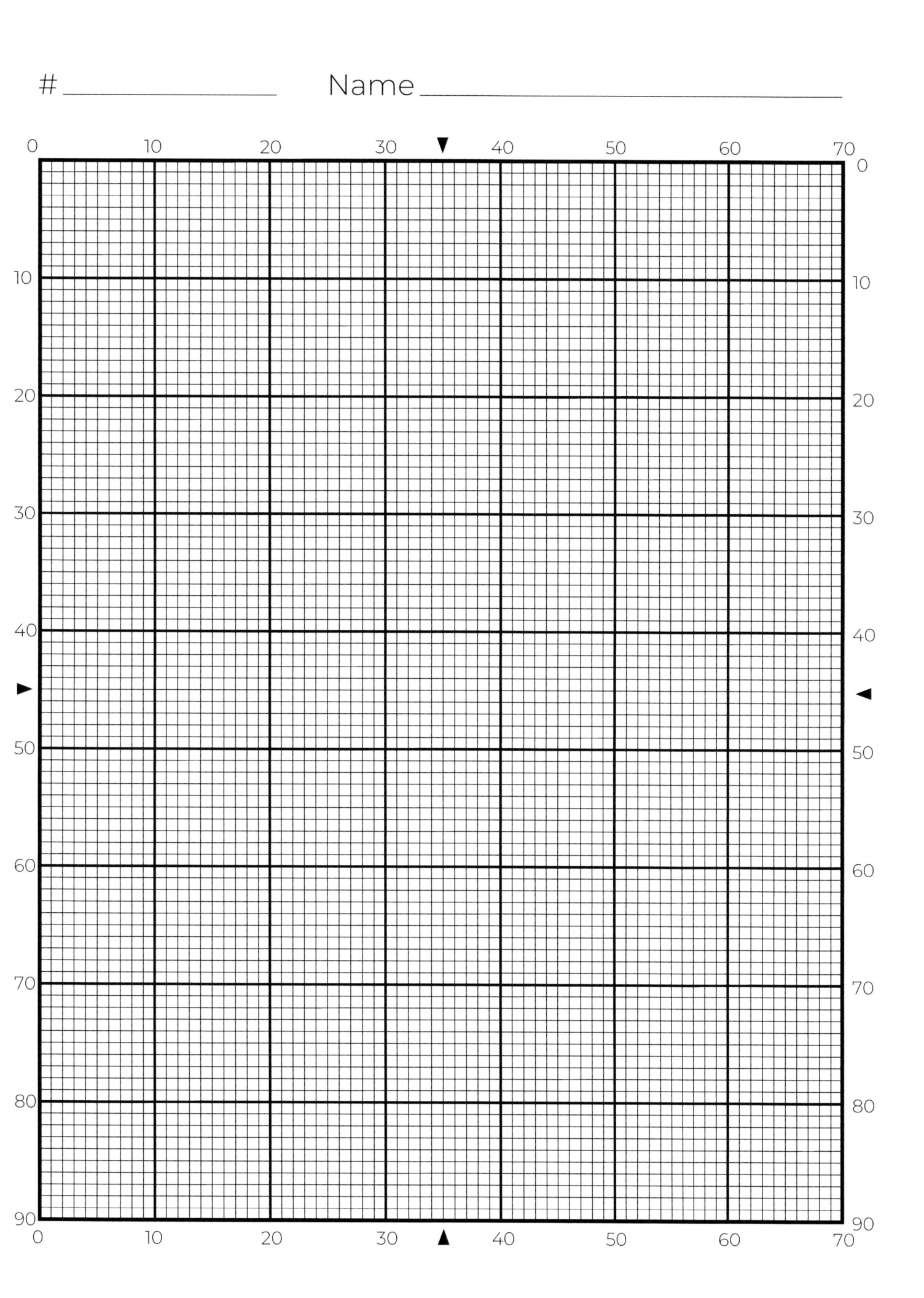

\# _____   Name _____

#_____   Name_____

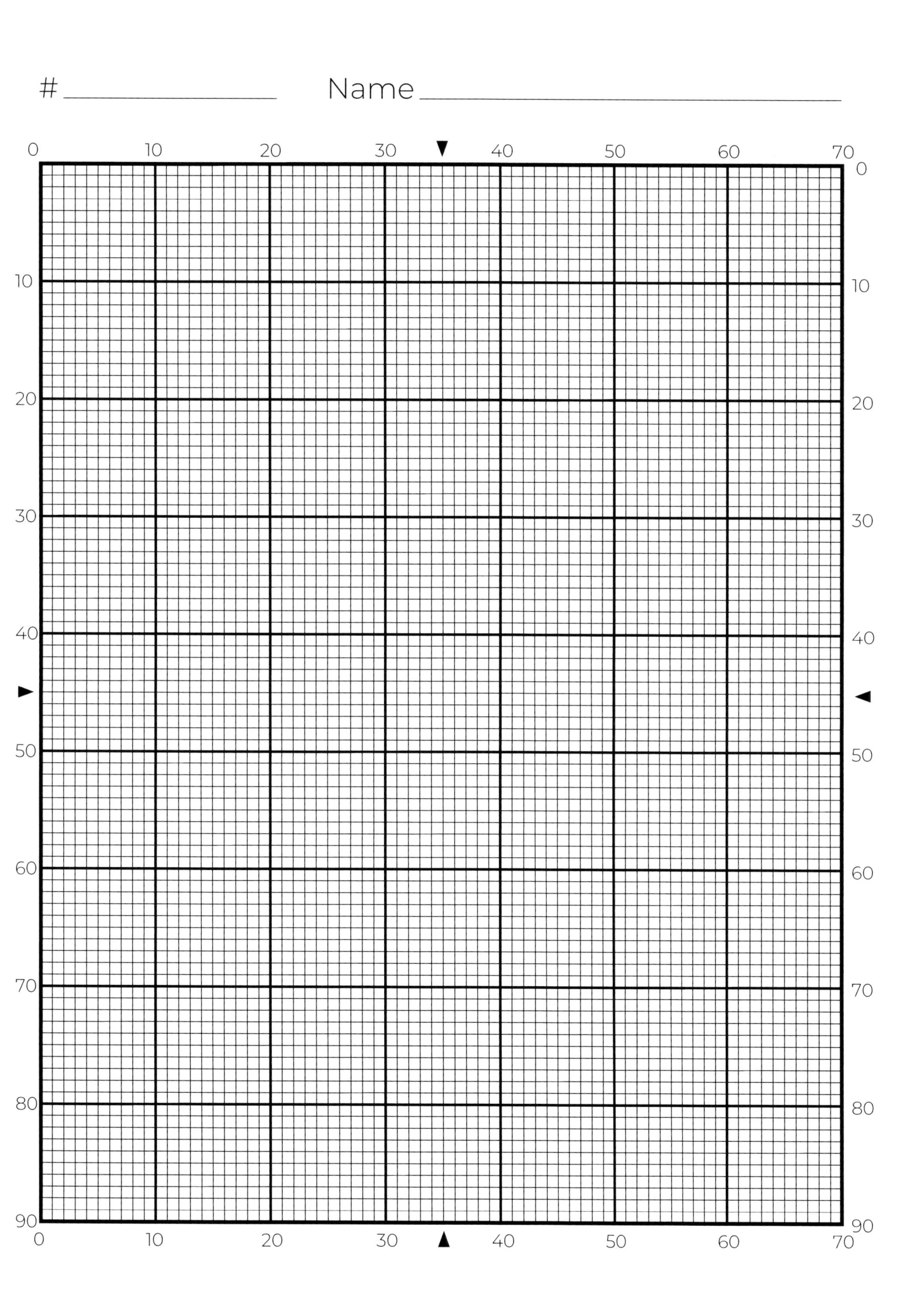

_____   Name _____

\#_____ Name_____

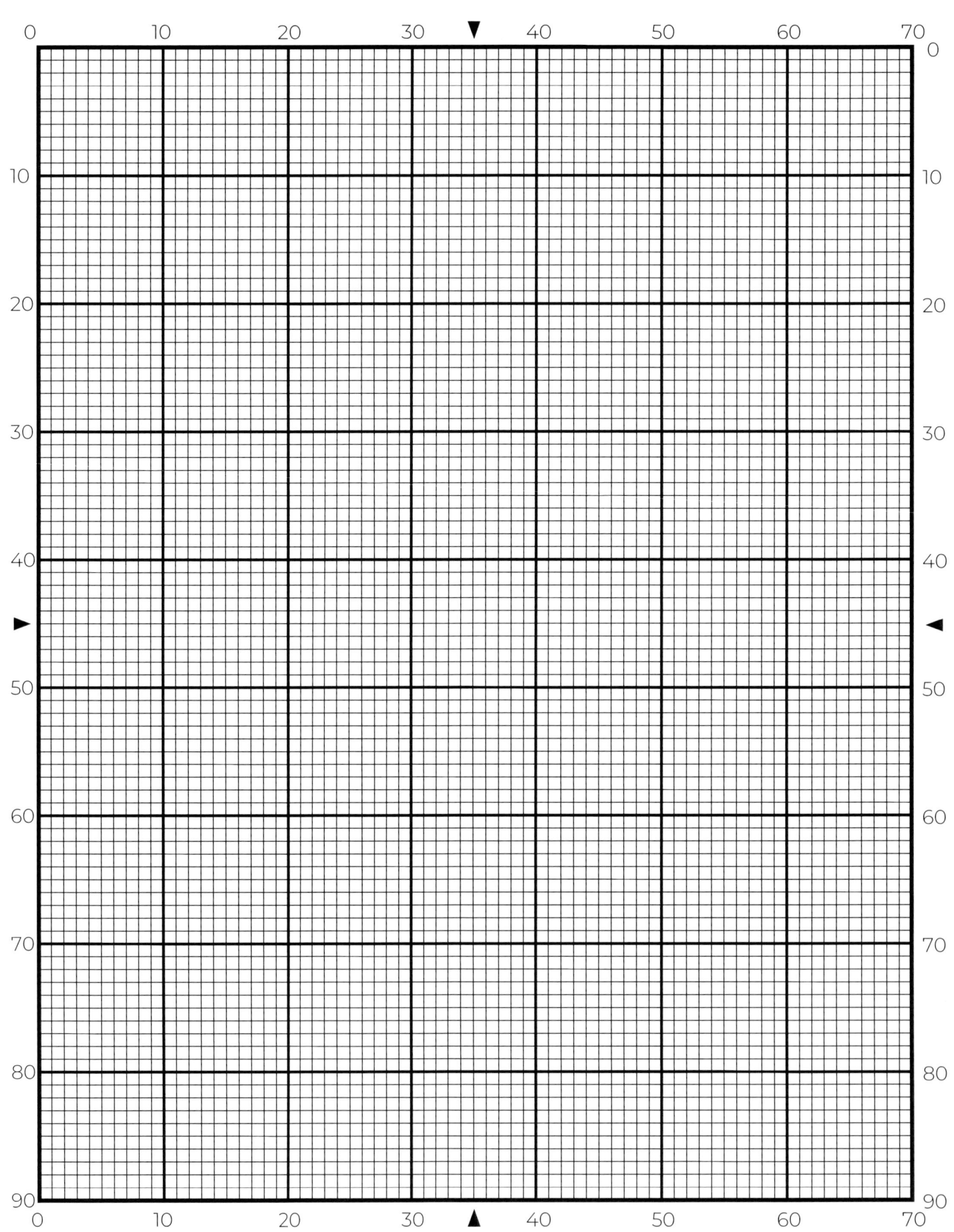

notes & sketches

Made in United States
North Haven, CT
30 March 2024